Kleinbauer/Schröder/Voigt

Standardfälle Strafrecht für Anfänger Band 1

1. Auflage 2007

ISBN 978-3-86724-040-6

1. Auflage 2007

© 2007 Niederle Media

Bezug über den Buchhandel oder direkt vom Verlag
Niederle Media
48341 Altenberge
Fax (02505) 93 98 99
E-Mail: info@niederle-media.de
www.niederle-media.de

Druck:

▶ Inhaltsverzeichnis

▶ Standardfälle Strafrecht für Anfänger

4

Vorwort

Dieses Skript behandelt eine Vielzahl besonders prüfungsrelevanter Probleme aus dem Allgemeinen Teil des Strafrechts.

Sämtliche Fälle wurden bereits mehrmals in Lehrveranstaltungen für Erstsemester erprobt und spiegeln somit die Anforderungen wider, die im Strafrecht am Ende des ersten Semesters gestellt werden. Gleichwohl eignen sie sich aber auch für fortgeschrittene Studierende zur Wiederholung einschlägiger Klausurprobleme.

Die Fallbearbeitungen erfolgen jeweils im Gutachtenstil, um dessen konsequente Aneignung zu erleichtern. So wird Erfahrungsgemäß gerade in den ersten Semestern ein besonderes Augenmerk auf die korrekte juristische Arbeitstechnik gelegt. Aber auch im Referendarexamen und selbst im Assessorexamen sind die problematischen Abschnitte einer Falllösung im Gutachtenstil darzustellen.

Wann jedoch Unproblematisches kurz und bündig im Urteilsstil und Problematisches ausführlich im Gutachtenstil zu erörtern ist, stellt (leider) oft eine Geschmacksfrage des jeweiligen Korrektors dar.

Da an diesem Skript drei Autoren mitgewirkt haben, fallen die Bearbeitungen in Diktion und Umfang naturgemäß unterschiedlich aus. Aber auch dies zeigt, dass es „die Musterlösung" nicht gibt.

6

In den Fußnoten haben wir uns weitgehend auf Nachweise aus der leicht zugänglichen Kommentar- und Lehrbuchliteratur beschränkt. Das Literaturverzeichnis besteht aus einer Auswahl des gängigsten Schrifttums; falls nicht anders angegeben, wurden in den Fußnoten jeweils die aktuellen Auflagen zitiert.

Für die Vorarbeiten danken wir den Herren *Stefan Harrendorf*, *Martin Seidler* und *Stefan Uecker*.

Beim Lesen und vor allem beim Lösen der Fälle wünschen wir viel Erfolg!

Jana Voigt   *Klaus Kleinbauer*   *Thomas Schröder*

Fall 1: „Man stirbt nur einmal"[1]

▶ **Standort:** Strafrecht AT, Kausalität, objektive Zurechnung

Eines Abends beschloss die A, ihrer Erzfeindin O eine „gründliche Abreibung" zu verpassen. Dazu begab sie sich zu O und begann einen Streit. Die beiden Frauen rauften sich zunächst die Haare. Dann schlug A die O zu Boden und brachte ihr mit einem Klappmesser insgesamt 16 Stichwunden bei. Zunächst stach sie der O in Bauch und Rücken, dann auch mehrfach in den Hals. Schließlich versetzte A ihr „in Tötungsabsicht" mehrere wuchtige Stiche ins Gesicht. Zwar lebte O danach noch, doch hielt A sie aufgrund der erheblichen Verletzungen bereits für tot.

Sodann lief A zu ihrem Freund B und erklärte ihm, sie habe O erstochen. Daraufhin kehrten beide zum Tatort zurück, um die Spuren zu beseitigen. A wartete vor dem Haus der O, während B diese mit blutüberströmtem Kopf regungslos auf dem Boden liegend vorfand. Zutreffend ging B davon aus, dass O noch lebe. Um die – wie er annahm – bereits Sterbende zu töten, schlug B der O mit einer beidhändig gehaltenen Wasserflasche auf den Kopf, so dass das Stirnbein zertrümmerte. Weil O aber noch immer nicht tot war, legte B ihr nun eine Jacke über ihr Gesicht und würgte sie dann. Danach versuchte er, den Körper der O aus dem Raum zu schaffen, gab dies aber bald wieder auf.

Nach den Feststellungen des Gerichts starb O entweder in Folge der – möglicherweise den Sterbevorgang verkürzenden – Schläge mit der Wasserflasche oder aber nach diesen Schlägen in Folge der Messerstiche durch Verbluten.

Haben A und B sich gemäß § 212 I StGB strafbar gemacht?

---

[1]   Fall nach *BGH* NStZ 2001, 29 („Pflegemutterfall").

A. Die Strafbarkeit des B
- Totschlag an O, § 212 I StGB
1. Tatbestand
       - Objektiver Tatbestand: B kausal für den Tod der O?
2. Ergebnis

B. Die Strafbarkeit der A
- Totschlag an O, § 212 I StGB
1. Tatbestand
      a) Objektiver Tatbestand: Kausalität und objektive Zurechnung
      b) Subjektiver Tatbestand: Abweichung des Kausalverlaufs
2. Ergebnis

C. Endergebnis

A. Die Strafbarkeit des B

Totschlag an O, § 212 I StGB

Indem B der O eine Wasserflasche auf den Kopf schlug, könnte er sich wegen Totschlags gemäß § 212 I StGB strafbar gemacht haben.

Achtung: Die Überschriften Ihres Gutachtens dürfen nur dann mit einer Gliederungsebene versehen werden, wenn ein weiterer Gliederungspunkt der gleichen Ebene folgt! Um etwa „I. Totschlag…" schreiben zu dürfen, müsste noch ein weiteres Delikt geprüft werden, etwa: „II. Körperverletzung…". Hier soll jedoch allein ein Totschlag geprüft werden, so dass ein Gliederungselement unzulässig ist. Merken Sie sich also den folgenden (altklugen) Spruch: Wer „A" sagt, muss auch „B" sagen.

1. Tatbestand

Objektiver Tatbestand

aa) Erfolg

Es müsste der tatbestandliche Erfolg des § 212 I StGB eingetreten sein. Tatbestandsmäßiger Erfolg des Totschlags ist der Tod eines anderen Menschen. O ist verstorben. Somit ist der **tatbestandliche Erfolg** des § 212 I StGB gegeben.

bb) Handlung

Handlung im Sinne des Strafrechts ist jedes vom menschlichen Willen beherrschte oder beherrschbare aktive Tun oder Unterlassen.[2]

Der Schlag mit der Flasche gegen den Kopf der O stellte ein aktives Tun dar, welches T auch mit seinem Willen beherrschte. Folglich lag eine Handlung im Sinne des Strafrechts vor.

cc) Kausalität

Fraglich ist, ob der Schlag mit der Wasserflasche **kausal** für den Tod der O gewesen ist. Die Frage danach, wie der ursächliche Zusammenhang zwischen Täterhandlung und Erfolg der Tat festzustellen ist, wird dabei nicht einheitlich beantwortet.

(1) Die Conditio-sine-qua-non-Formel

Nach ständiger Rechtsprechung ist die Kausalität mit Hilfe der sog. „**Conditio-Formel**" zu ermitteln. Danach ist jede Bedingung eines Erfolges kausal, die nicht hinweggedacht werden kann, ohne dass der Erfolg in seiner konkreten Gestalt entfiele.[3]

Bei Anwendung dieser Formel erscheint es zweifelhaft, ob B den Tod der O verursacht hat. Denkt man sich B´s Schlag mit der Wasserflasche auf den Kopf der O hinweg, so ist gerade nicht sicher, dass O länger gelebt hätte. Das Gericht konnte schließlich nicht aufklären, ob der konkrete Zeitpunkt des Todeseintritts allein auf die Messerstiche oder aber auf die Folgen der Schlageinwirkungen zurückzuführen war. Töten bedeutet indessen stets eine Verkürzung des Lebens.[4] Nach dem Grundsatz *in dubio pro reo* (im Zweifel für den Angeklagten) ist eine Verurteilung des Beschuldigten nur dann möglich, wenn das Gericht von seiner Täterschaft

---

[2] *Joecks*, StGB, Vor § 13 Rn. 16.
[3] *RGSt* 1, 373; *BGHSt* 1, 332; 45, 270 (294 f.).
[4] *Tröndle/Fischer*, StGB, § 212 Rn. 3.

überzeugt ist. Bleiben Zweifel hieran bestehen, so muss der Richter nach den für den Strafprozess geltenden Beweislastregeln von der für den Angeklagten günstigeren Möglichkeit ausgehen.[5]

Folglich muss hier in Anwendung des Zweifelssatzes zugunsten des B davon ausgegangen werden, dass die Schläge mit der Wasserflasche den Eintritt des Todes nicht beschleunigt haben.

Achtung: *In dubio pro reo* findet nur für Zweifel hinsichtlich bestimmter **Tatsachen** Anwendung! Bei Unsicherheiten bzgl. der **rechtlichen Würdigung** eines eindeutig ermittelten Tatvorgangs darf und muss sich das Gericht für die von ihm bevorzugte Rechtsauffassung entscheiden.[6] So wäre es z. B. unzulässig, sich in dem im Fall 9 auf S. 129 ff. angeführten Streit mit der Begründung für die Minderheitsmeinung zu entscheiden, sie führe gegenüber der herrschenden Meinung zu einer milderen Bestrafung des T.

Zu Lasten des B kann auch nicht angeführt werden, dass er durch die Herbeiführung der Stirnbeinfraktur den Sterbe*verlauf* in seiner konkreten Gestalt verändert hat: Die Tatsache allein, dass O bei dem Hinwegdenken der Handlungen des B *ohne* gebrochenes Stirnbein verstorben wäre, muss für die hier in Frage stehende Zurechnung der Rechtsgutverletzung „Leben" außer Betracht bleiben, da § 212 I StGB allein das „ob" der Rechtsgutsbeeinträchtigung unter Strafe stellt. Anlässlich des Sterbevorgangs zugefügte weitere Verletzungen, die jedenfalls wie hier aufgrund von *in dubio pro reo* nicht mit einer Lebensverkürzung in Verbindung gebracht werden können, sind allein für eine Verwirklichung von Körperverletzungsdelikten nach den §§ 223 ff. StGB relevant.[7]

---

[5] *Wessels/Beulke*, AT, Rn. 800 ff.
[6] *Wessels/Beulke*, AT, Rn. 804.
[7] Vgl. *Kühl*, AT, § 4 Rn. 25.

Nach alledem ist B mithin nach der Conditio-sine-qua-non-Formel **nicht kausal** für den Tod der O gewesen.

(2) Lehre von der gesetzmäßigen Bedingung

Nach der in der Literatur vorherrschenden Formel von der gesetzmäßigen Bedingung ist ein Verhalten dann Ursache eines Erfolges, wenn dieser Erfolg mit dem Verhalten durch eine Reihe von Veränderungen (natur-)**gesetzmäßig verbunden ist.**[8]

Wie schon festgestellt wurde, muss zu Gunsten des B von der Wirkungslosigkeit seiner Schläge in Bezug auf den Todeseintritt der O ausgegangen werden. Somit kann hier auch nicht ein gesetzmäßiger Zusammenhang zwischen den Schlägen des B und dem Tod der O unterstellt werden. Auch nach der Lehre von der gesetzmäßigen Bedingung war B daher **nicht kausal** für das Versterben der O.

(3) Streitentscheid

Da beide Ansichten für diesen Sachverhalt zum selben Ergebnis führen, kann eine Auseinandersetzung mit den Theorien unterbleiben. B war **nicht kausal** für den Tod der O.

Hinweis: Bei einem in diesem Punkt unproblematischen Fall wäre es vollkommen ausreichend gewesen, die Kausalität allein mit Hilfe der „Conditio-Formel" zu ermitteln.

2. Ergebnis

B ist nicht strafbar wegen Totschlags an O gemäß § 212 I StGB.

---

[8]   *Kühl*, AT, § 4 Rn. 22; *Wessels/Beulke*, AT, Rn. 168a; jeweils m. w. N.

B. Die Strafbarkeit der A

Totschlag an O, § 212 I StGB

Indem A der O mit einem Messer mehrfach ins Gesicht stach, könnte sie sich wegen Totschlags gemäß § 212 I StGB strafbar gemacht haben.

1. Tatbestand

a) Objektiver Tatbestand

aa) Erfolg

Der tatbestandliche Erfolg besteht, die O ist tot.

bb) Handlung

Die Messerhiebe unterlagen der Willenssteuerung der A, so dass auch eine Handlung im Sinne des Strafrechts gegeben war.

cc) Kausalität

Problematisch erscheint die Ursächlichkeit der Handlung der A für den Tod der O.

(1) Die Conditio-sine-qua-non-Formel

Nach der „Conditio-Formel" dürfen die Messerstiche der A nicht hinwegdenkbar sein, ohne dass der tatbestandliche Erfolg in seiner konkreten Gestalt entfällt. Man könnte nun auf die Idee kommen, bei der natürlich ebenfalls für A gebotenen Anwendung des Rechtssatzes *in dubio pro reo* die Kausalität auch der A für den Tod der O zu verneinen, weil ja nicht sicher ausgeschlossen werden konnte, dass B durch die Schläge mit der Wasserflasche den Todeseintritt bei O beschleunigt hat. Dieser für den Originalfall vorgebrachten Argumentation der ersten Instanz sind der BGH und auch die Literatur aber zu Recht entgegengetreten: Nach der „Conditio-Formel" sind alle Bedingungen gleichwertig, die zur Herbeiführung des Erfolgs beigetragen haben. Selbst wenn man aber zu Gunsten der A davon ausgeht, dass die Schläge des B das Leben der O verkürzt haben, so sind sie doch nicht denkbar ohne die vorherigen Handlungen der A: Dächte man die Messerstiche, das Liegenlassen der O und den Besuch bei B hinweg, so hätte dieser nicht das Haus der O aufgesucht, um ihr die tödlichen Schläge mit der Flasche zu versetzen. Der BGH selbst hat es so formuliert: „Ursächlich bleibt das Täterhandeln selbst dann, wenn ein später handelnder Dritter durch ein auf denselben Erfolg gerichtetes Tun vorsätzlich zu dessen Herbeiführung beiträgt, sofern er nur dabei an das Handeln des Täters anknüpft, dieses also die Bedingung seines eigenen Eingreifens ist.[9]" **A war** daher auch bei Anwendung des Satzes *in dubio pro reo* **kausal** für den Tod der O im Sinne der „Conditio-sine-qua-non-Formel".

Merke: Diese Fallgestaltung darf also nicht mit der der „überholten Kausalität" verwechselt werden: Will etwa der X den Y töten, indem er dessen Kaffee mit Gift versetzt, so ist X nicht kausal für den Tod des Y, wenn kurz nach dem „Genuss" des Kaffees der Z erscheint und Y erschießt. Der Grund hierfür ist, dass Z die von X begonnene Ursachenreihe abgebrochen und eine hiervon vollkommen unabhängige Ursachenreihe für den Tod des Y in Gang gesetzt hat.[10] X ist nur wegen versuchter Tötung strafbar.

---

(2) Die Lehre von der gesetzmäßigen Bedingung

Auch die Lehre von der gesetzmäßigen Bedingung betont die Gleichwertigkeit aller Erfolgsbedingungen.[11] Es kann dabei von einer gesetzmäßigen Verbindung zwischen den Ersthandlungen der A und dem Einschreiten des B ausgegangen werden. **A war** somit auch nach dieser Ansicht **kausal** für den Tod der O.

---

[9]   *BGH* NStZ 2001, 29 (30).
[10] Vgl. zu diesem Fall *Joecks*, StGB, Vor § 13 Rn. 29.
[11] *Kühl*, AT, § 4 Rn. 22.

14

(3) Adäquanztheorie

Nach dieser Ansicht ist Ursache im Rechtssinn nur die tatbestandsadäquate Bedingung. Daran soll es fehlen, wenn mit dem konkreten Kausalverlauf nach allgemeiner Lebenserfahrung vom Standpunkt eines einsichtigen Menschen in der Rolle des Täters nicht gerechnet werden konnte.[12] Hier kann nur schwerlich von einer bloßen Verkettung unglücklicher Umstände ausgegangen werden, da es durchaus noch im Rahmen der allgemeinen Lebenserfahrung liegt, dass eine dem anfangs handelnden Täter nahe stehende Person Maßnahmen ergreift, um deren Überführung abzuwenden. Tatbestandsadäquates Mittel zu diesem Zweck kann dabei auch die Tötung des bereits schwer verletzten Opfers sein.

Mit der Adäquanztheorie ist daher ebenfalls von der Ursächlichkeit der A für das Versterben der O auszugehen.[13]

(4) Streitentscheid

Da hier alle Ansichten zum gleichen Ergebnis kommen, ist eine Auseinandersetzung mit den aufgeführten Auffassungen hinfällig. **A war kausal** für den Tod der O.[14]

dd) Objektive Zurechnung

Fraglich ist, ob A der Tod der O auch **objektiv zurechenbar** ist. Objektiv zurechenbar ist ein Erfolg dann, wenn der Täter eine rechtlich relevante Gefahr geschaffen oder erhöht hat, die sich im tatbestandsmäßigen Erfolg realisiert.[15]

---

[12] *Bockelmann/Volk*, AT, § 13 A V 4a m. w. N.

[13] Zu dem gleichen Ergebnis kommt auch die der Adäquanztheorie nahe stehende „Relevanztheorie", vgl. hierzu *Wessels/Beulke*, AT, Rn. 172 ff.

[14] Kaum noch vertreten – und daher hier nur kurz erwähnt – wird die so genannte „Lehre vom Regressverbot". Ihr zufolge soll bei dem Dazwischentreten eines Dritten (hier des B) bereits die Kausalität des Erstverursachers (hier der A) verneint werden. Damit aber werden faktisches und normatives Band der Zurechnung verwechselt; vgl. hierzu sogleich; dazu auch *Tröndle/Fischer*, StGB, Vor § 13 Rn. 18 b.

[15] *Wessels/Beulke*, AT, Rn. 179.

Die Zurechnung der Handlungen der A zum Erfolg, genauer die Gefahrrealisierung, könnte hier aus zwei Gesichtspunkten heraus ausgeschlossen sein.

> **Hinweis:** Allgemeine Meinung des Schrifttums ist, dass das Bestehen von Kausalität nicht ohne weiteres mit der Bejahung des objektiven Tatbestands gleichzusetzen ist. Das Bedürfnis für eine einschränkende Korrektur des gefundenen faktischen Zusammenhangs durch eine weitere normative Zurechnungsprüfung ergibt sich daraus, dass sowohl die „Conditio-Formel" als auch die Lehre von der gesetzmäßigen Bedingung aufgrund der postulierten Gleichwertigkeit aller Bedingungen auch zu einer Strafbarkeit etwa der Eltern des Straftäters oder jedes Waffenfabrikanten kommen müssten. Ebenso strafbar wäre der Täter, dessen Opfer nur deshalb verstirbt, weil es sich aus abwegigen und nicht im Vorhinein erkennbaren Gründen einer rettenden Operation verweigert.[16] Unter dem Topos „Lehre von der objektiven Zurechnung" wird daher versucht, für bestimmte Fallgruppen einen Ausschluss der Erfolgszurechnung herbeizuführen.
>
> Wie auch in diesem Fall noch zu sehen sein wird, nimmt die Rechtsprechung die notwendige Korrektur zum Teil erst auf der Ebene des subjektiven Tatbestands vor.

(1) Atypischer Kausalverlauf

Wie schon im Rahmen der Kausalitätsprüfung für die Vertreter der Adäquanztheorie, stellt sich an dieser Stelle auch für die Anhänger der Lehre von der objektiven Zurechnung die Frage, ob die Erfolgszurechnung wegen eines ganz atypischen, abenteuerlichen Kausalverlaufs ausgeschlossen sein könnte.[17] Es gelten dabei die gleichen Maßstäbe, die bereits von der Adäquanztheorie aufgestellt worden sind.[18]

---

[16] Beispiele bei *Kühl*, AT, § 4 Rn. 37.
[17] *Joecks*, StGB, Vor § 13 Rn. 49.
[18] *Kühl*, AT, § 4 Rn. 60 ff.

> **Achtung:** Für die Subsumtion des Sachverhalts unter diese Fallgruppe ist hier wie stets zu Gunsten der A davon auszugehen, dass B tatsächlich den Tod der O beschleunigt hat.

Danach kann hier auf das zur Adäquanztheorie ausgeführte verwiesen werden: Der zum Versterben der O führende Kausalverlauf war nicht derart ungewöhnlich, als dass er der A nicht mehr zugerechnet werden könnte. Die **objektive Zurechnung** ist mithin **nicht** wegen eines atypischen Kausalverlaufs **ausgeschlossen**.

(2) Eigenverantwortliches Dazwischentreten eines Dritten

Ein Ausschluss der objektiven Zurechnung könnte jedoch dadurch bestehen, dass B **vorsätzlich** in das Geschehen **eingegriffen** hat. Die Verantwortung des Erstverursachers endet grundsätzlich dann, wenn ein Dritter vollverantwortlich eine neue, selbstständig auf den Erfolg hinwirkende Gefahr begründet, die sich dann allein im Erfolg realisiert. Eine objektive Zurechnung ist aber ausnahmsweise dann zu bejahen, wenn die vom Täter ursprünglich gesetzte Ursache eines Erfolges wesentlich fortwirkt.[19] Das Verhalten des Dritten muss für diese Fälle also spezifisch mit der Ausgangsgefahr verknüpft sein, so dass es bereits als typischerweise in der Ausgangsgefahr begründet erscheint. Letztendlich geht es also wiederum um die Frage, ob das Verhalten des dazwischentretenden Dritten noch tatbestandsadäquat mit der Ursachensetzung des Ersttäters verbunden ist.[20]

---

[19] *Tröndle/Fischer*, StGB, Vor § 13 Rn. 18a.
[20] *Wessels/Beulke*, AT, Rn. 192.

Auf den ersten Blick erscheint es hier unbillig, in der vorsätzlichen Tötung der O durch B[21] auch noch eine Realisierung der von A geschaffenen Gefahr zu erblicken. Allerdings ist es nicht ganz fern liegend, dass eine zur Beseitigung sämtlicher Tatspuren herangezogene, dem Ersttäter nahe stehende Vertrauensperson sich in dessen Dienste stellt und den von der zunächst handelnden Person gewünschten Erfolg sicherstellt und damit zugleich verhindert, dass das Tatopfer noch belastende Aussagen tätigt. Es ist daher davon auszugehen, dass **keine Unterbrechung des Zurechnungszusammenhangs** durch den B stattgefunden hat, da sich in der Tötung der O durch den B auch die von A begründete Gefahr realisiert hat.[22]

b) Subjektiver Tatbestand

A müsste vorsätzlich gehandelt haben.

Vorsatz ist der **Wille** zur Verwirklichung eines Straftatbestandes in **Kenntnis** aller seiner objektiven Tatumstände.[23] Mit Vorsatz in Form des dolus directus 1. Grades („Absicht") handelt der Täter dabei dann, wenn es ihm auf den Eintritt des tatbestandlichen Erfolges als Ziel seines Handelns ankommt.[24] A stach auf die O ein, um diese zu töten. Sie hat daher mit dolus directus 1. Grades gehandelt[25].

Gleichwohl könnte es hier am Vorsatz der A fehlen, denn zum Vorsatz gehören *alle* objektiven Tatumstände und daher nach fast einhelliger Auffassung auch die **Kenntnis des Kausalverlaufs** in seinen wesentlichen Umrissen.[26] Wie genau die Tätervorstellung über den Kausalverlauf beschaffen sein muss, wird hingegen nicht einheitlich beantwortet.

---

[21] Nochmals: Die Ursächlichkeit auch der Handlungen des B für den Tod der O muss hier zu Gunsten der A unterstellt werden.
[22] Hier war auch eine andere Meinung vertretbar.
[23] *Wessels/Beulke*, AT, Rn. 203.
[24] *Kühl*, AT, § 5 Rn. 33.
[25] Zu den weiteren Vorsatzarten, insbesondere zum dolus eventualis, vgl. ausführlich Fall 2.
[26] *Joecks*, StGB, § 15 Rn. 33.

aa) Die Ansicht der Rechtsprechung

Dem Bundesgerichtshof zufolge bleibt der Vorsatz des Täters bestehen, wenn sich die Abweichungen des tatsächlichen gegenüber dem vorgestellten Tatverlauf noch innerhalb der Grenzen des **nach allgemeiner Lebenserfahrung Vorhersehbaren** halten und keine andere rechtliche Bewertung der Tat rechtfertigen.[27] Dabei untersucht der BGH diese Problematik allein auf der Vorsatzebene, greift aber als Maßstab für die subjektive Zurechnung ebenfalls auf diejenigen Kriterien zurück, die die Vertreter der objektiven Zurechnung für die Fallgruppe des „atypischen Kausalverlaufs" angeben.[28] Demnach ist hier davon auszugehen, dass sich die Abweichungen im Tatgeschehen noch im Rahmen der allgemeinen Lebenserfahrung bewegten und auch keine andere rechtliche Bewertung der Tat rechtfertigen.

bb) Die herrschende Auffassung im Schrifttum

Die Mehrheit in der Literatur stimmt den vom BGH aufgestellten Kriterien für die Abgrenzung wesentlicher und unwesentlicher Vorsatzabweichungen zu; allerdings mit dem Unterschied, dass inadäquate Abweichungen des Kausalverlaufs bereits im Rahmen der objektiven Zurechnung zu einem Ausschluss der vorsätzlichen Vollendungshaftung führen.[29] Mithin ist nach dieser Meinung ebenfalls von einer bloß unwesentlichen Abweichung des Kausalverlaufs auszugehen. Als Argument wird insbesondere angeführt, dass es ohne die erste Handlung der A nicht zur Tötung durch B gekommen wäre, so dass A sich hier – bildlich gesprochen – selbst zum Werkzeug der Erfolgsherbeiführung gemacht hat.[30] Hiernach hat A **vorsätzlich** gehandelt.

---

[27] *BGHSt* 7, 329.
[28] *Wessels/Beulke*, AT, Rn. 260.
[29] *Wessels/Beulke*, AT, Rn. 265.
[30] Siehe zu vergleichbaren Fallkonstellationen *Joecks*, StGB, § 15 Rn. 43.

cc) Die sogenannte Versuchslösung

Eine Minderheitsmeinung im Schrifttum lehnt für diese Fälle („**dolus generalis**") den Vorsatz und damit eine Vollendungslösung ab. Schließlich habe der Täter mit der ersten Handlung seinen Plan, zu töten, gerade nicht realisiert, sondern sei im Versuchsstadium stecken geblieben. Bei der zweiten Handlung (in unserem Fall die Handlung des B) fehle ihm jedoch die Tatbestandskenntnis („Mensch" in § 212 I StGB), da er davon ausging, eine Leiche werde beseitigt.[31]

Nach dieser Auffassung hat A hier **nicht vorsätzlich** getötet, da eine wesentliche Abweichung des Kausalverlaufs vorlag. Zu dem gleichen Ergebnis kommt auch die Lehre, die abstrakt voraussetzt, dass der Täter stets das Risiko gekannt haben muss, das sich verwirklicht hat.[32]

dd) Streitentscheid

Zwar ist der Rechtsprechung und der herrschenden Lehre zuzugeben, dass sie mit dem Adäquanzgedanken über ein vordergründig schlüssiges und einheitliches Kriterium für die Bewältigung ungewöhnlicher Tatverläufe sowohl auf objektiver als auch auf subjektiver Ebene verfügen. Gleichwohl kann dieses Kriterium für den Bereich der Vorsatzdelikte nicht überzeugen, denn letztendlich werden äußere und innere Tatseite gleichgesetzt, obwohl von den Vertretern der herrschenden Lehre selbst zugegeben wird, dass sich durchaus Fälle ergeben können, in denen der Täter nicht mit Vorsatzabweichungen gerechnet hat, die objektiv voraussehbar waren.[33] Im Ergebnis wird also ein „Erkennen können" mit dem „Erkennen" des Kausalverlaufs gleichgesetzt, obwohl zugleich postuliert wird, dass der Kausalverlauf in seinen wesentlichen Zügen Inhalt des Tatbestandsvorsatzes sein soll. Letztendlich muss daher festgestellt werden, dass die herrschende Meinung mit einer bloßen Vorsatzfiktion arbeitet,

---

[31] *Kühl*, AT, § 13 Rn. 48.
[32] *Jakobs*, AT, 8. Abschnitt Rn. 63 ff.;
[33] So *Wessels/Beulke*, AT, Rn. 259.

welche sich aus Elementen zusammensetzt, die der Fahr-lässigkeitsdogmatik entliehen werden. Dies stellt jedoch einen Verstoß gegen § 15 StGB und mithin gegen Art. 103 II GG dar. Es ist daher der Ansicht zu folgen, die das Vorsatz-kriterium beim Wort nimmt und verlangt, dass der Täter das Risiko kennen muss, das sich verwirklicht hat.

Da A hier der Überzeugung war, der B betrete das Haus einer bereits Verstorbenen, kannte sie nicht das Risiko, dass sich letztendlich verwirklicht hat. **A** befand sich daher in einem Tatbestandsirrtum gemäß § 16 I S. 1 StGB und **handelte ohne Vorsatz.**[34]

2. Ergebnis

Auch die A ist nicht strafbar wegen Totschlags an O gemäß § 212 I StGB.

C. Endergebnis

A und B haben sich nicht wegen Totschlags an O gemäß § 212 I StGB strafbar gemacht.

Ergänzende Hinweise: Ohne die einschränkende Auf-gabenstellung wären natürlich noch **weitere Delikte** zu untersuchen gewesen: Für B war noch die Strafbarkeit wegen versuchten Mordes (§§ 212, 211, 22, 23 I StGB) und wegen gefährlicher Körperverletzung (§§ 223, 224 StGB) zu prüfen und zu bejahen. A hat sich im Ergebnis ebenfalls wegen versuchten Mordes und wegen gefährlicher Körperverletzung strafbar gemacht. Eine vollendete Aussetzung mit Todesfolge gemäß § 221 I, III StGB durch das Verlassen des Hauses liegt hingegen nicht vor, da A meinte, die O bereits getötet zu haben. Auch eine Körperverletzung mit Todesfolge, § 227 StGB, scheidet aus, da sich mit der Tötung durch einen Dritten nicht der vom Vorsatz erfasste tatbestandsspezifische Körperverletzungserfolg in dem Todeseintritt realisiert hat.[35]

---

[34] Auch hier wäre die gegenteilige Lösung natürlich gut vertretbar gewesen.
[35] Strittig, vgl. *Joecks*, StGB, § 227 Rn. 11 f.

Vertiefungshinweise

- *Übungsfall zur „überholten Kausalität": Frisch/Murmann,*
  JuS 1999, 1196 ff.

- *Zu ähnlich gelagerten Fällen aus der Rechtsprechung*
  („Gnadenschussfall", „Bratpfannenfall"): Wessels/Beulke,
  AT, Rn. 164 ff.

- *Übungsfälle zur Abweichung des tatsächlichen vom*
  vorgestellten Kausalverlauf: Rackow, JA 2003, 218 ff.;
  Kuhlen/Roth, JuS 1995, 711 (715 f.)

Fall 2: „Der gefährliche Lederriemen"[1]

▶ **Standort:** Strafrecht AT, Eventualvorsatz

T will den mit ihm bisher befreundeten O um einige Wertgegenstände „erleichtern". Zunächst plant er, den O zu
diesem Zwecke mit einem Lederriemen bis zur Bewußt-
losigkeit zu würgen. Er hat dann jedoch Bedenken, da er
befürchtet, der O könne durch eine solche Behandlung zu
Tode kommen, was T auf keinen Fall möchte. Daher
beschließt er, den M stattdessen durch einen Schlag auf
den Kopf mit einem Sandsack zu betäuben. Diese Vorgehensweise hält er für schonender. Zur Sicherheit steckt er
aber auch den Lederriemen ein.

Sodann sucht T den O auf und bittet ihn, bei ihm
übernachten zu dürfen. Als O schläft, zieht er ihm den
Sandsack über den Kopf. O wird dadurch aber nicht betäubt,
sondern wacht auf. T schlägt erneut zu. Diesmal platzt der
Sandsack.

Im darauf entstehenden Handgemenge gelingt es T, den
Lederriemen aus der Tasche zu ziehen und dem O um den
Hals zu legen. T zieht den Lederriemen immer wieder zu, bis
die Gegenwehr des O endgültig aufhört. Da er um die
Gefährlichkeit seines Vorgehens weiß, versucht er, dabei
möglichst vorsichtig und „dosiert" zu würgen. Dann fesselt er
ihn und rafft alle mitnehmenswerten Gegenstände zusammen. Danach sieht er nach dem O. Er macht sich
Sorgen, ob dieser noch lebt. Ein Wiederbelebungsversuch
durch T scheitet jedoch.

Strafbarkeit des T gemäß § 212 I StGB?

---

[1] Fall nach *BGH*St 7, 363 ff.

> **Strafbarkeit des T gemäß § 212 I StGB?**
> 1. Tatbestand
>   a) Objektiver Tatbestand: Erfolg - Handlung - Kausalität
>   b) Subjektiver Tatbestand: (P) Eventualvorsatz oder Fahrlässigkeit?
> 2. Rechtswidrigkeit
> 3. Schuld
> 4. Ergebnis

Strafbarkeit des T gemäß § 212 I StGB

T könnte sich durch das Erwürgen des O wegen Totschlags nach § 212 I StGB strafbar gemacht haben.

1. Tatbestand

a) Objektiver Tatbestand

aa) Erfolg

Der tatbestandliche Erfolg müsste eingetreten sein. Erfolg im Sinne des § 212 StGB ist der Tod eines (anderen) Menschen. O ist verstorben, so dass der Erfolg eingetreten ist.

bb) Handlung

Der Erfolg könnte durch eine Handlung des T eingetreten sein. Unter Handlung ist nach der überwiegenden Ansicht jedes willensgetragene und sozialerhebliche Verhalten eines Menschen zu verstehen.[2] Dies trifft für T´s willentliches Würgen des O zu. Eine Handlung liegt somit vor.

cc) Kausalität

Der Tod des O müsste gerade durch T´s Würgen mit dem Lederriemen eingetreten sein, dass heißt seine Handlung müsste kausal für den eingetretenen Erfolg sein. Nach der grundlegenden Äquivalenzformel (auch Conditio-sine-qua-non-Formel) ist jedes Verhalten kausal, das nicht hinweggedacht werden kann, ohne dass der Erfolg in seiner konkreten Gestalt entfiele.[3] Denkt man das Würgen mit dem

---

[2] *Joecks*, StGB, Vor § 13 Rn. 14 ff.; *Wessels/Beulke*, AT, Rn. 93.
[3] *Wessels/Beulke*, AT, Rn. 156 ff.

Lederriemen hinweg, so wäre O nicht gestorben. T´s Handlung ist also kausal für den Erfolg. Somit hat T den objektiven Tatbestand des Totschlags erfüllt.

Tipp: Liegen Tatbestandsmerkmale offensichtlich und unproblematisch vor (zum Beispiel Erfolgseintritt bei § 212 StGB), so erübrigt sich in der Regel eine ausführliche Subsumtion im Gutachtenstil. Hier wurde allerdings aus didaktischen Gründen der ausführliche Gutachtenstil gewählt.

---

b) Subjektiver Tatbestand

T müsste im Hinblick auf die objektiven Tatbestandsmerkmale vorsätzlich gehandelt haben. Vorsatz ist der Wille zur Verwirklichung eines Tatbestandes in Kenntnis seiner konkreten Merkmale.[4]

Merke: Diese Vorsatzdefinition ist präziser als die oft verwendete Formel „Vorsatz ist Wissen und Wollen der Tatbestandsverwirklichung" und sollte daher vorgezogen werden.[5]

Beim Vorsatz werden verschiedene Arten unterschieden:
So handelt der Täter mit Absicht, wenn es ihm gerade auf die Herbeiführung des tatbestandlichen Erfolges ankommt, er also zielgerichtet handelt (so genannter dolus directus 1. Grades)[6].
T kam es nicht darauf an, O´s Tod herbeizuführen; dieser war ihm vielmehr unerwünscht.
Möglicherweise handelte er mit dolus directus 2. Grades (Wissentlichkeit oder direkter Vorsatz). Diese Vorsatzart liegt vor, wenn der Täter weiß oder sicher voraussieht, dass sein Handeln die gesetzlichen Tatbestandsmerkmale verwirklichen wird.[7] T wusste nicht sicher um den Erfolgseintritt, so dass diese Vorsatzart ausscheidet.

---

[4]   *Wessels/Beulke*, AT, Rn. 203.
[5]   Vgl. auch *Wessels/Beulke*, AT, Rn. 203.
[6]   Zur Absicht: *Kühl*, AT, § 5 Rn. 33 ff.
[7]   Zur Wissentlichkeit vgl. *Kühl*, AT, § 5 Rn. 38 ff.

In Betracht kommt aber ein Handeln mit **Eventualvorsatz** (sogenannter dolus eventualis).

> **Merke**: Auf die einzelnen Vorsatzarten sollte grundsätzlich nur dann ausführlicher eingegangen werden, wenn der Tatbestand eine bestimmte Vorsatzart erfordert (zum Beispiel Bereicherungsabsicht beim Betrug, § 263 I StGB). – Hier konnten die offensichtlich nicht vorliegende Absicht und Wissentlichkeit auch im Urteilsstil verneint werden. – Die Bezeichnung des Eventualvorsatzes als „bedingter Vorsatz" ist irreführend, da jeder Tatbestandsvorsatz einen unbedingten Handlungswillen voraussetzt.[8]

Eventualvorsatz setzt – nach allen Auffassungen – zunächst voraus, dass der Täter den Erfolgseintritt für möglich hält. Diese Möglichkeitsvorstellung ist somit für alle Vorsatzarten die Mindestvoraussetzung.

Ob und gegebenenfalls welche weiteren subjektiven Elemente der Täter darüber hinaus aufweisen muss, damit er vorsätzlich handelt, ist umstritten. Es stellt sich somit die Frage nach der Abgrenzung zur (bewussten) Fahrlässigkeit, bei der der Täter den Erfolgseintritt ebenfalls für möglich hält. Die hierzu vertretenen Meinungen lassen sich grob in zwei Lager einteilen: zum einen wird maßgeblich auf die Vorstellung des Täters von der Gefahr abgestellt, wobei hier auch wieder differenziert wird (so genannte kognitive Theorien). Zum anderen wird neben der Vorstellungskomponente ein Wollenselement für erforderlich gehalten (so genannte voluntative Theorien).[9]

---

[8] *Wessels/Beulke*, AT, Rn. 215.
[9] Ausführliche Nachweise bzw. eine gute Darstellung des Meinungsstandes finden sich bei *Hillenkamp*, AT, 1. Problem, S. 1 ff.; *Roxin*, AT, § 12 Rn. 35 ff. *Wessels/Beulke*, AT, Rn. 214 ff.

> **Tipp**: Insbesondere bei Klausuren empfiehlt es sich mitunter, diesen Meinungsstreit nur anhand dieser beiden Grundansätze darzustellen, und innerhalb derer die einzelnen Ansichten zu erwähnen.[10] So vermeidet man – insbesondere bei noch anderen Problemen – eine Übergewichtung des Streits.

aa) Kognitive Theorien / Vorstellungstheorien

(1) Möglichkeitstheorie

Eine Ansicht lässt bereits die Möglichkeitsvorstellung des Täters genügen (so genannte **Möglichkeitstheorie**). Ausreichend ist also, dass der Täter die konkrete Möglichkeit der Rechtsgutsverletzung erkannt und dennoch gehandelt hat.[11] T hielt die tödliche Wirkung seines Lederriemeneinsatzes für möglich. Danach hat er also mit dolus eventualis gehandelt.

(2) Wahrscheinlichkeitstheorie

Strenger ist insoweit die **Wahrscheinlichkeitstheorie**; sie bejaht nur dann Eventualvorsatz, wenn der Täter sich den Erfolgseintritt als wahrscheinlich vorgestellt hat.[12] Wahrscheinlich soll „mehr als bloß möglich" und weniger als „überwiegend wahrscheinlich" bedeuten. T hat zunächst den Lederriemen nicht benutzt, da er gerade dessen tödliche Wirkung befürchtete. Somit kann eine entsprechende Wahrscheinlichkeitsvorstellung und damit auch vorsätzliches Handeln bei T bejaht werden.

(3) Risikotheorien

Eine weitere Meinung stellt auf das für den Täter erkennbare unerlaubte Risiko der Tatbestandsverwirklichung ab, das ihn dennoch nicht von der Handlung abhält (so genannte

---

[10] Eine „Klausurfassung" des Streits findet sich bei *Joecks*, StGB, § 15 Rn. 30 f.
[11] *Schmidhäuser*, JuS 1980, 241 (246); *Langer*, Jura 2003, 135 (137 f.).
[12] *Jakobs*, AT, Abschnitt 8 Rn. 8, 21 ff.; vgl. auch LK-*Schroeder*, StGB, § 16 Rn. 93.

Risikotheorien).[13] Das Risiko wird hierbei zum Teil aus der Schaffung einer unabgeschirmten Gefahr durch den Täter hergeleitet. Es genüge die Erkenntnis des qualifizierten Risikos der Tatbestandserfüllung.[14] Gerade die Schaffung eines erkannten Risikos soll den rechtsgutsfeindlichen Willen erkennen lassen.

Eine solche Risikovorstellung kann bei T aufgrund der Kenntnis der gefährlichen Wirkung eines Lederriemens bei Verwendung als Würgewerkzeug ebenfalls bejaht werden. Der zunächst verwandte Sandsack sollte dieses dem T bewusste Risiko ja gerade verringern. Diese Ansicht gelangt ebenfalls zur Bejahung eines dolus eventualis bei T.

Nach den Vorstellungstheorien wäre der subjektive Tatbestand des Totschlags somit zu bejahen.

bb) Voluntative Theorien / Willenstheorien

Der gemeinsame Ausgangspunkt dieser Meinungsgruppe ist, dass der Vorsatz aus zwei Elementen besteht, nämlich „Wissen" und „Wollen". Danach vermögen die oben genannten Vorstellungstheorien allein den Eventualvorsatz nicht zu begründen. Innerhalb dieser Meinungsgruppe besteht aber Uneinigkeit über die Beschaffenheit beziehungsweise Ausgestaltung des voluntativen Elements.

(1) Gleichgültigkeitstheorie

So soll nach der so genannten **Gleichgültigkeitstheorie** nur dann dolus eventualis vorliegen, wenn der Erfolgseintritt dem Täter gleichgültig ist.[15] Die Gleichgültigkeit gegenüber der möglichen Tatbestandsverwirklichung dokumentiere insoweit die Entscheidung des Täters gegen das jeweilige

---

[13] *Otto*, AT, § 7 Rn. 35 ff.; nach *Herzberg*, JuS 1986, 249 (262), 1987, 777 (782) handelt es sich um ein Problem des objektiven Tatbestands; aus Gründen der Übersichtlichkeit wird auf diese Ansicht jedoch erst im Zusammenhang mit den anderen Theorien im subjektiven Tatbestand eingegangen.
[14] *Herzberg*, JuS 1986, 249 (261 f.).
[15] Schönke/Schröder-*Cramer/Sternberg-Lieben*, StGB, § 15 Rn. 84. Vgl. auch LK-*Schroeder*, StGB, § 16 Rn. 93.

Rechtsgut. Dem T ist es hier gerade nicht gleichgültig, dass O getötet wird; der Erfolg ist ihm vielmehr unerwünscht. Danach scheidet Eventualvorsatz aus.

(2) Vermeidungstheorie

Auf eine Wollenskomponente nimmt auch die so genannte **Vermeidungstheorie** Bezug, indem sie den dolus eventualis verneint, wenn der Täter einen Vermeidewillen betätigt hat.[16] Allein ein „guter Wille" reicht danach also beim Täter nicht aus, sondern es muss sich vielmehr um einen tatmächtigen Willen handeln.

Hier könnte auf die Wiederbelebungsversuche abgestellt werden, die T unternimmt. Allerdings muss der Vermeide-wille bei der Tatbegehung zum Ausdruck kommen; das nachträgliche Verhalten scheidet insoweit aus. Aber ein entsprechender Wille kommt in dem „dosierten Würgen" zum Vorschein; dies zeigt, dass T den Erfolgseintritt eigentlich vermeiden und O nur betäuben wollte. Ein dolus eventualis ist dieser Auffassung zufolge zu verneinen.

(3) Ernstnahmetheorie

Nach der vorwiegend im Schrifttum vertretenen Auffassung kann dolus eventualis nur bejaht werden, wenn der Täter die Tatbestandsverwirklichung ernstlich für möglich hält und sich damit abfindet (**Ernstnahmetheorie**).[17]

T hat die Gefahr ernst genommen, schließlich hat er sich zunächst eines Sandsackes bedient, um O nicht tödlich zu verletzen. Im Zeitpunkt der Tathandlung hat er sich jedoch um seines Zieles willen mit O´s Tod abgefunden; dies belegt der Rückgriff auf das ursprünglich gewählte Werkzeug. Nach dieser Ansicht liegt also Eventualvorsatz vor.

---

[16] *Schünemann*, JA 1975, 787 (790).
[17] *Kühl*, AT, § 5 Rn. 85; *Wessels/Beulke*, AT, Rn. 225.

(4) Billigungstheorie

Etwas strenger ist die von der Rechtsprechung geprägte **Billigungstheorie.** Danach handelt der Täter eventualvorsätzlich, wenn er den Erfolg innerlich billigt, mit ihm einverstanden ist oder ihn billigend in Kauf nimmt.[18] Ein positives Einverständnis besteht bei T hinsichtlich O´s Tod gerade nicht; eine innerliche Billigung könnte daher abzulehnen sein. Allerdings soll nach dieser Ansicht ein „Billigen im Rechtssinne" ausreichen. Es könne auch dann eine Billigung des Erfolges vorliegen, wenn der Erfolgseintritt dem Täter unerwünscht sei, er aber um des erstrebten Zieles willen sich mit der Herbeiführung des möglichen Erfolges abfindet.[19] T möchte auf jeden Fall an O´s Wertgegenstände gelangen. Dafür billigt er den möglichen tödlichen Ausgang des Würgens. Somit kann nach Auffassung der Rechtsprechung ein dolus eventualis bejaht werden.

cc) Stellungnahme

Angesichts der unterschiedlichen Ergebnisse der einzelnen Meinungen bedarf es einer Entscheidung.

Tipp: Die einzelnen Argumente sollten bei den jeweiligen Meinungen noch nicht genannt werden; eine Entscheidung ist erst dann notwendig, wenn die verschiedenen Ansichten nicht zum gleichen Ergebnis führen. Der Bearbeiter braucht sich – gerade in der Klausur – nicht mit dem Für und Wider einer jeden Meinung auseinandersetzen. Es sollte die Meinung begründet werden, der gefolgt wird bzw. diejenige abgelehnt werden, der nicht gefolgt wird. Für die Bewertung ist nicht das Ergebnis, sondern die jeweilige Begründung entscheidend. Somit kann bei einem vertretbaren Ergebnis vor allem mit sachverhaltsbezogener Subsumtion und Argumentation „gepunktet" werden.

---

[18] *BGHSt* 36, 1 (10 f.); 44, 99 (103); *BGH* NStZ 1999, 507 (508); 2003, 369 (370).
[19] *BGHSt* 7, 363 (369).

Generell vorzugswürdig erscheinen die voluntativen Theorien, da nur sie die Doppelstruktur des Vorsatzes hinreichend würdigen. Nur durch die zusätzliche Willenskomponente lässt sich der Eventualvorsatz nachvollziehbar von der bewussten Fahrlässigkeit trennen und kann dem erhöhten Vorsatzunrecht Rechnung getragen werden. Erst ein Willensmoment vermag den rechtsgutsfeindlichen Willen des Täters als Kriterium zur Abgrenzung des Vorsatzes von der Fahrlässigkeit zu begründen.

Innerhalb der Willenstheorien ist von der Ernstnahmetheorie auszugehen. Es ist insoweit ausreichend, wenn der Täter sich mit der Gefahr einer Rechtsgutsverletzung abgefunden hat. Dies meint zum Teil auch die Rechtsprechung, wenn sie von einem „Billigen im Rechtssinne" spricht. Im Ergebnis dürften sich daher die oben genannten Billigungs- und Ernstnahmetheorien in der Regel nicht voneinander unterscheiden.

Dahingegen kann es für die Verneinung des dolus eventualis nicht auf die mangelnde Gleichgültigkeit oder einen Vermeidewillen des Täters ankommen. Denn das riskante, unerlaubte Verhalten des Täters kann durch eine innere Einstellung zum Erfolgseintritt nicht kompensiert werden. Um des erstrebten Zieles willen – hier zum Beispiel die „Ausschaltung" des O – findet sich der Täter letztendlich damit ab, dass seine Handlung den an sich unerwünschten Erfolg herbeiführt. Dies reicht jedoch aus, um einen rechtsgutsfeindlichen Willen zu bejahen.

Merke: Insbesondere für die Klausurbearbeitung sollte man sich „seine Formel" für den Eventualvorsatz merken. Denn nicht immer lässt sich die Abgrenzung Fahrlässigkeit oder Vorsatz so umfassend erörtern. – Zusammengefasst: Eventualvorsatz liegt vor, wenn der Täter die Gefahr der Tatbestandsverwirklichung erkennt, sie ernst nimmt und sich mit ihr abgefunden oder sie billigend in Kauf genommen hat. Lediglich bewusste Fahrlässigkeit liegt vor, wenn der Täter auf das Ausbleiben der Rechtsgutsverletzung ernsthaft vertraut, bloßes Hoffen reicht nicht aus.[20] – Bei Tötungsdelikten kann in diesem Zusammenhang noch mit der höheren Tötungshemmschwelle argumentiert werden: trotz gefährlicher Handlung vertraut der Täter vielleicht noch auf das Ausbleiben des Tötungserfolges, handelt aber mit Gefährdungs- oder (Körper-)Verletzungsvorsatz.[21]

Auch ist abschließend in diesem Zusammenhang auf folgende Differenzierung hinzuweisen: selbst wenn ein Verletzungsvorsatz (zum Beispiel im Hinblick auf § 223 StGB) zu verneinen ist, so kann der Täter immer noch mit einem Gefährdungsvorsatz gehandelt haben (zum Beispiel im Rahmen des § 315c I StGB).

Gemäß der hier vertretenen Ernstnahmetheorie handelte T mit Eventualvorsatz im Hinblick auf die Tötung des O.
Der subjektive Tatbestand des § 212 I StGB ist erfüllt.

Tipp: In der Regel werden im Klausurfall nur spärliche Angaben sein, mit denen die soeben dargestellte Abgrenzung vorgenommen werden könnte. Zur Erleichterung finden sich daher oft mehr oder weniger eindeutige Formulierungen, die den Bearbeiter auf den „richtigen" Weg führen sollen. So wird bei einigen Formulierungen die Bejahung des dolus eventualis nahe liegen (zum Beispiel: „mit der Verletzung hat er sich abgefunden", „er nahm dabei in Kauf" oder „er war sich der Gefahr bewusst, hoffte aber auf ein Ausbleiben des Erfolges").

---

[20] Vgl. *Kühl*, AT, § 5 Rn. 77, 85.
[21] *Wessels/Beulke*, AT, Rn. 223.

2. Rechtswidrigkeit

Mangels eingreifender Rechtfertigungsgründe handelte T rechtswidrig.

3. Schuld

Entschuldigungs- oder Schuldausschließungsgründe liegen nicht vor. T handelte somit schuldhaft.

4. Ergebnis

T ist strafbar gemäß § 212 I StGB.

Hinweis: Hier war laut Bearbeitervermerk die Prüfung auf Totschlag beschränkt. – Nach Bejahung des § 212 I StGB wären ansonsten noch die in Betracht kommenden Mordmerkmale zu prüfen gewesen (zum Beispiel Habgier, Grausamkeit, Heimtücke, Ermöglichungsabsicht). Desweiteren wäre an §§ 249 I, 250 I, II, 251 StGB zu denken gewesen. Eine Wegnahme lässt sich nicht mit dem Hinweis auf den fehlenden Gewahrsam eines Toten verneinen. Bereits in der Gewaltanwendung ist der Beginn der Wegnahme zu sehen. § 251 StGB kann trotz des bejahten Vorsatzes verwirklicht werden (vergleiche den Gesetzeswortlaut *„wenigstens leichtfertig"*).

Vertiefungshinweise

- *Theoriendarstellung: Hillenkamp,* 32 Probleme aus dem Strafrecht, AT, 11. Aufl. (2003), S. 1 ff.

- *Übungsfälle zum dolus eventualis: Beulke,* Klausurenkurs Strafrecht I, Rn. 101 ff; *Fahl,* Jura 2003, 60 ff.; *Schramm,* JuS 1994, 405 ff.

- *Entscheidungen zum Tötungseventualvorsatz (mit jeweils angegebener Tathandlung): Tröndle/Fischer,* StGB, § 212 Rn. 8b

Fall 3: „Die vertauschte Sprengfalle"[1]

▶ **Standort:** Strafrecht AT, Vorsatz, Tatbestandsirrtum

Um den O zu töten, befestigt T eine Handgranate im Radkasten eines vor der Garage neben dem Haus des O parkenden Autos. Er beabsichtigt, dass durch eine an der Granate angebrachte Zugleitung, deren Ende er an einem Vorderreifen des Autos befestigt, bei der ersten Radumdrehung der Zündring abgerissen und das Auto gesprengt wird. T geht dabei davon aus, dass es sich um das Auto des O handelt. In Wirklichkeit gehört es aber dessen Nachbarn N.

Als N später sein Auto startet, explodiert die Granate. N stirbt.

Strafbarkeit des T gemäß § 212 I StGB?

Strafbarkeit des T gemäß § 212 I StGB?
1. Tatbestand
   a) Objektiver Tatbestand
   b) Subjektiver Tatbestand: (P) Abweichender Kausalverlauf?
2. Rechtswidrigkeit
3. Schuld
4. Ergebnis

Strafbarkeit des T gemäß § 212 I StGB

T könnte sich durch das Anbringen der Granate wegen Totschlags gemäß § 212 I StGB strafbar gemacht haben.

1. Tatbestand

a) Objektiver Tatbestand

aa) Erfolg

Der tatbestandliche Erfolg im Sinne des § 212 I StGB ist der Tod eines (anderen) Menschen. Mit dem Tod des N ist ein solcher Erfolg eingetreten.

---

[1]   Fall nach *BGH* NStZ 1998, 294.

34

bb) Handlung

Der Erfolg könnte durch eine Handlung des T eingetreten sein. Unter Handlung ist nach der überwiegenden Ansicht jedes willensgetragene und sozialerhebliche Verhalten eines Menschen zu verstehen.[2] T brachte eine Sprengfalle an N´s Auto an. Eine in die Außenwelt hineinreichende und vom Willen des T getragene Verhaltensweise und somit eine Handlung liegt vor.

cc) Kausalität

T´s Verhalten – das Anbringen der Granate – müsste ursächlich für den eingetretenen Erfolg sein. Nach der **Äquivalenztheorie** oder Conditio-sine-qua-non-Formel ist jedes Verhalten kausal, das nicht hinweggedacht werden kann, ohne dass der Erfolg in seiner konkreten Gestalt entfiele.[3] Denkt man das Einbauen der Granate hinweg, so wäre das Auto nicht explodiert und N nicht getötet worden. Die Handlung des T ist daher ursächlich für den eingetretenen Erfolg. Einschränkender ist bei der Kausalitätsprüfung die so genannte **Adäquanztheorie**. Sie fußt zwar auf der vorgenannten Äquivalenzformel, sie sieht ein Verhalten aber nur dann als kausal an, wenn es allgemein und Erfahrungsgemäß zur Herbeiführung des Erfolges geeignet ist.[4] Hier ist der Erfolg nur infolge einer Verwechslung eingetreten; doch diese Möglichkeit ist nach der allgemeinen Lebenserfahrung in Rechnung zu stellen. Selbst der professionelle Auftragskiller kann nicht ausschließen, sich einmal zu irren. Auch nach dieser Ansicht war T´s Verhalten somit kausal für den Erfolg.

dd) Objektive Zurechnung

Der Tod des N müsste dem T auch zurechenbar sein. Die objektive Zurechnung eines Erfolges setzt voraus, dass sich die vom Täter geschaffene, rechtlich missbilligte Gefahr im

---

[2] *Wessels/Beulke*, AT, Rn. 93.
[3] *Wessels/Beulke*, AT, Rn. 156 ff.
[4] Vgl. *Joecks*, StGB, Vor § 13 Rn. 24.

Erfolg realisiert hat.[5] Insbesondere das Schrifttum hat verschiedene Fallgruppen herausgearbeitet, in denen zwecks Begrenzung der weiten Äquivalenztheorie ausnahmsweise die objektive Zurechnung des Erfolges ausgeschlossen wird. [6] So sollen unter anderem auch ganz atypische und unbeherrschbare Kausalverläufe ausgeschlossen werden. Danach ist der Erfolg dem Täter nur dann zurechenbar, wenn der Kausalverlauf nicht völlig außerhalb dessen liegt, was nach dem gewöhnlichen Verlauf der Dinge und der allgemeinen Lebenserfahrung in Rechnung zu stellen ist.[7] Nur dann wurde nämlich ein rechtlich relevantes Risiko geschaffen.

Zwar hat T das Auto verwechselt, so dass ein anderes Auto mitsamt Fahrer explodiert ist. Doch dieser Geschehensverlauf stellt sich nicht als außergewöhnlich dar, er liegt vielmehr noch innerhalb der allgemeinen Lebenserfahrung (siehe oben). Ein atypischer Kausalverlauf, der die objektive Zurechnung ausschließt, liegt hier noch nicht vor. Der objektive Tatbestand ist somit erfüllt.

b) Subjektiver Tatbestand

T müsste im Hinblick auf die Tötung des N vorsätzlich gehandelt haben. Vorsatz ist der Wille zur Verwirklichung eines Tatbestandes in Kenntnis seiner konkreten Tatumstände.[8]

T könnte mit Absicht beziehungsweise dolus directus 1. Grades gehandelt haben. Diese Vorsatzart liegt vor, wenn es dem Täter darauf ankommt, das Opfer zu töten.[9] T´s Handeln zielte darauf ab, den O zu töten. Er handelte folglich mit Tötungsabsicht.

---

[5] *Joecks*, StGB, Vor § 13 Rn. 35 ff.; *Tröndle/Fischer*, StGB, Vor § 13 Rn. 17.
[6] Vgl. dazu *Wessels/Beulke*, AT, Rn. 176 ff. – Insoweit deckt sich hier die objektive Zurechnung mit der vorgenannten Adäquanztheorie.
[7] *Wessels/Beulke*, AT, Rn. 196.
[8] *Wessels/Beulke*, AT, Rn. 203.
[9] *Tröndle/Fischer*, StGB, § 15 Rn. 6.

Fraglich ist aber, ob diese Absicht auch einen Tötungs-vorsatz im Hinblick auf das tatsächliche Geschehen – nämlich die Tötung des N – zu begründen vermag.

Wenn T möglicherweise einem Tatbestandsirrtum gemäß § 16 I StGB unterlag, könnte er ohne Vorsatz gehandelt haben. Zu klären ist also, wie sich T´s Irrtum über das getötete Opfer auswirkt.

aa) Objektsverwechslung und Vorsatz

T könnte lediglich das Objekt bzw. die Person verwechselt haben (so genannter **error in persona vel objecto**). Dies ist nach allgemeiner Auffassung im Hinblick auf die Annahme des Verletzungs- oder Gefährdungsvorsatzes grundsätzlich ohne Bedeutung.[10] Die Identität einer Person ist nämlich im Rahmen des Totschlagtatbestandes kein relevanter Tatum-stand im Sinne des § 16 I StGB. Denn § 212 I StGB bestraft die Tötung eines (anderen) Menschen. Nur dies ist das Tatbestandsmerkmal, das vom Vorsatz des Täters umfasst sein muss.

Bei Befestigung der Granate wollte T einen Menschen töten; ob dies O oder N war, ist für die Frage der Bejahung des Tatbestandsvorsatzes bei § 212 I StGB ohne Bedeutung. Sollte also eine bloße Objektsverwechslung vorliegen, so läge lediglich ein unbeachtlicher Motivirrtum vor.

Merke: Bei *tatbestandlicher Gleichwertigkeit* des vorge-stellten und des verletzten Objekts ist die Objektsver-wechslung *unbeachtlich*. Anders ist dies bei Ungleich-wertigkeit der Objekte: hier ist eine Verwechslung erheblich. Dies soll am folgenden **Beispiel** verdeutlicht werden: Hält der Täter das anvisierte und tatsächlich auch verletzte Objekt für eine Sache (zum Beispiel ein Tier) und verletzt er in Wirklichkeit aber einen Menschen, so ist diese Ver-wechslung beachtlich. Es liegt ein Sachbeschädigungs-vorsatz vor (der mangels Vollendung nur eine gemäß § 303

---

[10]   *Roxin*, AT I, § 12 Rn. 194.

III StGB strafbare versuchte Sachbeschädigung begründen kann), wohingegen ein Verletzungsvorsatz im Rahmen des § 223 StGB zu verneinen ist. In Betracht kommt aber eine fahrlässige Körperverletzung gemäß § 229 StGB.
Umstritten ist dagegen, wie sich der für den Haupttäter unbeachtliche error in persona auf einen etwaigen Anstifter auswirkt.[11]

T handelte – im Falle eines error in persona – mit Tötungsvorsatz.

bb) Fehlgehen des Angriffes (aberratio ictus) und Vorsatz

Die rechtliche Beurteilung stellt sich möglicherweise anders dar, wenn nicht eine bloße Objektsverwechslung, sondern eine so genannte **aberratio ictus** (= "Abirren des Pfeiles") vorliegt.

In tatsächlicher Hinsicht unterscheidet sich diese Konstellation zum error in persona dadurch, dass der Täter nicht dasselbe Objekt anvisiert und auch verletzt, sondern dass er zum Beispiel auf Person A zielt und die Kugel aufgrund eines Querschlägers Person B trifft. Am unmittelbaren Tatgeschehen sind also hierbei in der Regel drei Personen beteiligt.

Die Behandlung dieser Konstellation ist umstritten.[12]

(1) Konkretisierunglehre

Diese Situation wird von der **überwiegenden Meinung** als eine erhebliche Abweichung des tatsächlichen vom vorgestellten Kausalverlauf angesehen, so dass der Tatbestandsvorsatz zu verneinen ist.[13]

---

[11] Vgl. zum Meinungsstand *Hillenkamp*, 32 Probleme AT, 26. Problem, S. 159 ff.
[12] Zum Meinungsstand im einzelnen vgl. *Hillenkamp*, 32 Probleme AT, 9. Problem, S. 55 ff.
[13] *Joecks*, StGB, § 15 Rn. 51; *Roxin*, AT I, § 12 Rn. 160 ff.; *Tröndle/Fischer*, StGB, § 16 Rn. 6.

Diese Abweichung wird als für den Vorsatz beachtlich angesehen. Dies hat zur Folge, dass im Hinblick auf das anvisierte Objekt nur ein **Versuch** und bezüglich des verletzten Objekts nur eine **fahrlässige Tat** in Betracht kommt. Voraussetzung ist jeweils natürlich, dass der Versuch bzw. die Fahrlässigkeit strafbar ist (letzteres ist zum Beispiel bei der häufig relevanten Sachbeschädigung gemäß § 303 StGB gerade nicht der Fall).

Begründet wird diese unterschiedliche Beurteilung von error in persona und aberratio ictus damit, dass bei letzterer gerade nicht das individualisierte Objekt getroffen wird. Der Vorsatz habe sich bereits auf eine bestimmte Person konkretisiert, die dann aber nicht verletzt bzw. getötet werde. Diese Auffassung wird daher auch als **Konkretisierungslehre** bezeichnet.

Geht man hier also von einer aberratio ictus aus, so ist ein Totschlagsvorsatz des T zu verneinen. Anschließend wäre aber noch ein versuchter Totschlag im Hinblick auf O und eine fahrlässige Tötung gemäß § 222 StGB im Hinblick auf den tatsächlich getroffenen N zu prüfen.

(2) Formelle Gleichwertigkeitslehre

Nach anderer Ansicht ist auch im Falle eines Fehlgehen des Angriffes von einer unbeachtlichen Abweichung des Kausalverlaufes auszugehen, wenn ein gleichwertiges Objekt getroffen wurde (so genannte **formelle Gleichwertigkeitstheorie**).[14] Denn wer einen bestimmten Menschen töten wolle und tatsächlich einen anderen töte, habe den objektiven und subjektiven Tatbestand des Totschlags verwirklicht, denn dieser setze gerade nur die Tötung eines Menschen voraus.

Nach dieser Auffassung wäre bei T ein Tötungsvorsatz auch im Hinblick auf N zu bejahen.

---

[14] *Loewenheim*, JuS 1966, 310 (313).

(3) Materielle Gleichwertigkeitslehre

Eine eher vermittelnde Ansicht knüpft ebenfalls an den Gedanken der Gleichwertigkeit an und beschränkt diese aber auf individualitätsunabhängige Rechtsgüter (so genannte **materielle Gleichwertigkeitstheorie**).[15] Für höchstpersönliche Rechtsgüter soll die aberratio ictus also erheblich sein; in diesen Fällen stimmt diese Meinung mit der Konkretisierunglehre überein. Die Konkretisierung des Vorsatzes auf ein bestimmtes Objekt sei dort ohne Bedeutung, wo die Individualität des Angriffsobjekts für das Unrecht der Tat unwichtig sei (so beispielsweise beim Diebstahl als Eigentumsdelikt).[16]

Hier ist mit dem Leben des O ein höchstpersönliches Rechtsgut betroffen. Der Fehlschlag ist im Hinblick auf den Vorsatz des T somit erheblich, so dass ein Vorsatz bzgl. der vollendeten Tötung des O ausscheidet.

(4) Adäquanztheorie

Schließlich stellt eine weitere Ansicht auf die **Vorhersehbarkeit / Adäquanz** der Abirrung ab. Bei einer vorhersehbaren Kausalverlaufsabweichung sei Vollendung, ansonsten nur ein Versuch gegeben.[17]

Das Verwechseln des Autos war vorhersehbar; es liegt nicht außerhalb jeglicher Lebenserfahrung (siehe oben), so dass nach dieser Ansicht dem T eine vollendete Tötung zugerechnet werden kann.

---

[15] *Hillenkamp*, Die Bedeutung von Vorsatzkonkretisierungen bei abweichenden Tatverlauf (1971), S. 85 ff.; *ders.*, 32 Probleme aus dem Strafrecht AT, S. 60 f.
[16] Zur Kritik an dieser wohl zu schematischen Differenzierung *Roxin*, AT I, § 12 Rn. 167.
[17] *Welzel*, Strafrecht, S. 73. – Zu dieser Ansicht gelangt man bei Verneinung der Adäquanz eigentlich nicht mehr, da insoweit bereits die objektive Zurechnung ausgeschlossen ist.

Hinweis: Da innerhalb der möglichen Konstellation der aberratio ictus die Meinungen über deren rechtliche Beurteilung auseinandergehen, bedarf es einer Entscheidung. Folgt man der formellen Gleichwertigkeitstheorie, so könnte eigentlich offen bleiben, ob nun ein error in persona oder eine aberratio ictus vorliegt.

Beachte aber: Der Streit über die Folgen der aberratio ictus ist nur dann relevant, wenn es sich um gleichwertige Objekte handelt! Aber auch bei Gleichwertigkeit der Objekte ist der Streit unerheblich, wenn der Kausalverlauf nicht mehr im Rahmen der Adäquanz liegt (so genannter atypischer Kausalverlauf, der bereits die objektive Zurechnung ausschließt) oder die Möglichkeit der Kausalabweichung vom Vorsatz des Täters umfasst ist, er also mit dolus eventualis hinsichtlich des tatsächlich getroffenen Objekts handelt.[18] Ebenfalls ist Verletzungsvorsatz zu bejahen, wenn der Täter die Verletzung eines beliebigen von mehreren gleichwertigen Rechtsgütern will oder in Kauf nimmt.[19]

(5) Streitentscheid

Für die formelle Gleichwertigkeitslehre kann angeführt werden, dass sich der Vorsatz des Täters zum Beispiel auf die Tötung eines Menschen bezieht und genau dieser Erfolg eintritt. Das Gesetz verlangt gerade keine Konkretisierung über das abstrakte Tatbestandsmerkmal – hier „ein anderer Mensch" – hinaus. Zudem hat diese Auffassung zur Folge, dass zum Beispiel bei fehlender Versuchs- oder Fahrlässigkeitsstrafbarkeit keine Strafbarkeitslücken bestehen.

Gegen die formelle Gleichwertigkeitstheorie spricht jedoch die mangelnde Berücksichtigung der tatsächlich erfolgten Konkretisierung des Opfers durch den Täter. Der Täter hat in der Regel nicht nur einen Gattungsvorsatz, sondern er will das von ihm konkret erfasste und individualisierte Objekt

---

[18] Vgl. *Roxin*, AT I, § 12 Rn. 162 ff.
[19] *Tröndle/Fischer*, StGB, § 16 Rn. 6.

treffen. Der so genannte Gattungsvorsatz des Täters ist eher eine Fiktion; dies widerspricht dem Schuldprinzip.

Es besteht auch ein Unterschied zur bloßen Verwechslung des Objekts, so dass die unterschiedliche rechtliche Beurteilung von error in persona und aberratio ictus durchaus sachgerecht ist. Denn das tatsächlich anvisierte Objekt wurde verfehlt; diese Zielverfehlung findet zutreffend ihren Ausdruck in der Versuchsstrafbarkeit.

Gegen die Adäquanztheorie ist in diesem Zusammenhang einzuwenden, dass sie mit dem Kriterium der Vorhersehbarkeit eher auf einen der Fahrlässigkeit zuzuordnenden Begriff abstellt. Hier geht es dagegen um die subjektive Zurechnung und der Täter hat einen bestimmten Erfolg vorausgesehen. Somit ist der Konkretisierungslehre zu folgen.

Sollte also die Konstellation der aberratio ictus vorliegen, so wäre nach zutreffender Ansicht ein Tötungsvorsatz des T in Bezug auf N zu verneinen.

> **Merke:** Wenn der Täter das Fehlgehen seines Angriffs für möglich gehalten und sich damit abgefunden hat, so kommt hinsichtlich des tatsächlich getroffenen Objekts ein Handeln mit dolus eventualis in Betracht.[20] Dann bejaht auch die Konkretisierungslehre eine vorsätzliche vollendete Tat.

cc) Stellungnahme

Angesichts der unterschiedlichen Rechtsfolgen bedarf es einer Entscheidung, ob hier lediglich eine unbeachtliche Objektsverwechslung oder eine beachtliche aberratio ictus vorliegt.

Für einen fehlgegangenen Angriff könnte sprechen, dass T hier nicht bloß die Identität von O und N verwechselt, sondern die gewollte Verletzung des Zielobjekts ausbleibt. T könnte seinen Vorsatz bereits auf O derartig konkretisiert haben, dass die Tötung des unbeteiligten N nicht mehr vom

---

[20] Vgl. das Beispiel bei *Wessels/Beulke*, AT, Rn. 251.

Totschlagsvorsatz des T erfasst ist. Eine subjektive Zurechnung als vorsätzliches Tötungsunrecht würde somit ausscheiden.

Hingegen spricht für einen error in persona, dass eine unmittelbare Individualisierung des O noch gar nicht stattgefunden hatte. T hat vielmehr nur das Fahrzeug konkretisiert, mit dem die zu tötende Person fahren sollte. Es wurde nun tatsächlich die Person getötet, die das Fahrzeug auch benutzt hat. T irrte lediglich über die Identität des Fahrzeugnutzers, ansonsten hat sich sein Plan so wie beabsichtigt verwirklicht. T hat also den O selbst als Opfer noch nicht konkretisiert. Somit liegt hier (eher) eine unbeachtliche Objektsverwechslung vor.[21]

T handelte im Hinblick auf die Tötung des N mit Vorsatz. Der subjektive Tatbestand des § 212 I StGB ist daher erfüllt.

2. Rechtswidrigkeit

Rechtfertigungsgründe liegen nicht vor. T handelte somit rechtswidrig.

3. Schuld

Entschuldigungs- und Schuldausschließungsgründe sind nicht ersichtlich, so dass T schuldhaft handelte.

4. Ergebnis

T ist strafbar gemäß § 212 I StGB.

Hinweis: Wäre der Bearbeitervermerk nicht beschränkt, so kommt des weiteren eine Strafbarkeit wegen Mordes, § 211 StGB in Betracht. Als Mordmerkmale wären Heimtücke sowie die Tötung mit gemeingefährlichen Mitteln zu prüfen gewesen. – Nicht zu prüfen ist dagegen noch ein versuchter Totschlag im Hinblick auf O. Denn insoweit ist der Tötungsvorsatz des T „verbraucht"; eine vorsätzliche Tötung des N ist gerade bejaht worden.

---

[21] Ein anderes Ergebnis ist mit entsprechender Begründung auch vertretbar.

Vertiefungshinweise

- *Fallbearbeitung zum error in persona:* Ambos, Jura 2004, 492 ff.; Beulke, Klausurenkurs Strafrecht I, Rn. 150 ff.

- *Fallbearbeitung zur aberratio ictus:* Daleman/ Heuchemer, JA 2004, 460 ff.; *Stoffers*, JuS 1994, 948 ff.

- *Theoriendarstellung zur aberratio ictus: Hillenkamp*, 32 Probleme aus dem Strafrecht, AT, 9. Problem.

- *Rechtsprechung zum error in persona*: *Preußisches Obertribunal*, GA 1859, 322 ff. („Rose-Rosahl"); *BGHSt* 11, 268 („Verfolgerfall"); *BGHSt* 37, 214 („Hoferbe") [vgl. dazu auch die lehrreiche Besprechung von *Streng*, JuS 1991, 910 ff.]; *BGH* NStZ 1998, 294 („Sprengfalle").

- *Rechtsprechung zur aberratio ictus*: *BGHSt* 34, 53 („Anfahr-Fall)

Fall 4: „Tauschgeschäfte"[1]

▶ **Standort:** Strafrecht AT, Einverständnis und Einwilligung

Die Psychologiestudentin Patricia P (25 Jahre) sieht im Park den 6jährigen Fabian F mit dessen neuem Fußball „Teamspirit" spielen. Genau diesen Ball wünscht sich das Patenkind der P sehnlichst zum Geburtstag. Er ist aber in der gesamten Stadt vergriffen. Daher bietet P dem F ihren MP3-Player zum Tausch an. Da F sich aus Fußball nicht besonders viel macht, stimmt er zu. P nimmt ihm den Ball aus der Hand, gibt ihm den MP3-Player und geht weiter.

Einige Zeit später sieht P im Park den 16jährigen Martin M. Da es sie schon immer interessiert, wie es sich anfühlt, jemandem weh zu tun, bietet sie M aus wissenschaftlicher Neugier ihr Handy an, wenn sie ihm einmal mit voller Kraft in den Hintern treten dürfe. M, der auch öfter von seinen Mitschülern getreten wird, hält dies nach kühler Überlegung für eine gute Idee, da er meint, mit dem Handy in der Schule eher geachtet zu werden. P tritt M, wodurch dieser erhebliche, schmerzende blaue Flecken erleidet. Diese Folge hatte P vorausgesehen. Sie gibt M jedoch – entgegen ihrem Versprechen – ihr Handy nicht und hatte dies auch nie vor.

Anschließend möchte P testen, wie sie bei jüngeren Männern ankommt. Daher fragt sie den 17jährigen Alexander A, ob sie sein Handy zertreten dürfe. A, froh, dass ihn überhaupt einmal ein weibliches Wesen anspricht, sagt „Ja, da ärgern sich höchstens meine Eltern. Die haben mir das Ding aufgedrängt, um mich anrufen und kontrollieren zu können. Mich ruft sonst auch keiner an.". P tritt mit ihrem Pfennigabsatz ein Loch ins Farbdisplay.

Strafbarkeit der P? Die §§ 224, 240, 263 StGB sind nicht zu prüfen.

[1] Herrn Ass. jur. Martin Seidler sei an dieser Stelle herzlich für die Genehmigung zur Verwendung dieses Falles gedankt!

> **I. Strafbarkeit gem. § 242 I StGB**
> 1. Tatbestand
>   Objektiver Tatbestand: Tatobjekt – Tathandlung (Einverständnis)
> 2. Ergebnis
> **II. Strafbarkeit gem. §§ 223 I StGB**
> 1. Tatbestand
>   a) Objektiver Tatbestand: Erfolg – Handlung – Kausalität
>   b) Subjektiver Tatbestand: Vorsatz
> 2. Rechtswidrigkeit: Rechtfertigende Einwilligung
>   - (P) Bestimmung der Sittenwidrigkeit
>   - (P) Wirksamkeit einer durch Täuschung beeinflussten Einwilligung
> 3. Ergebnis
> **III. Strafbarkeit gem. § 303 I StGB**
> 1. Tatbestand
>   a) Objektiver Tatbestand: Erfolg – Handlung – Kausalität
>   b) Subjektiver Tatbestand: Vorsatz
> 2. Rechtswidrigkeit: Rechtfertigende Einwilligung
>   - (P) Einwilligungsfähigkeit Minderjähriger in die Verletzung von
>   Eigentums- oder Vermögensrechten
> 3. Ergebnis

I. Strafbarkeit gem. § 242 I StGB

P könnte sich dadurch, dass sie den Ball des F nahm, wegen Diebstahls gem. § 242 I StGB strafbar gemacht haben.

1. Tatbestand

Objektiver Tatbestand

aa) Tatobjekt

Zunächst müsste es sich bei dem Ball um eine fremde bewegliche Sache handeln.

Sachen sind körperliche Gegenstände.[2] Bei dem Ball handelt es sich um einen körperlichen Gegenstand und damit um eine Sache.

Beweglich sind alle Sachen, die von ihrem bisherigen Ort fortgeschafft werden können.[3] Der Ball kann von seinem

---

[2] *Lackner/Kühl,* StGB, § 242, Rn. 2.
[3] *Wessels/Hillenkamp,* BT/2, Rn. 67.

jeweiligen Standort fortbewegt werden, so dass es sich um eine bewegliche Sache handelt.

Eine Sache ist **fremd**, wenn sie im Eigentum eines anderen steht, also weder herrenlos ist noch ausschließlich dem Täter selbst gehört.[4] Ursprünglich stand der Ball im Eigentum des F. F könnte den Ball aber gem. § 929 S. 1 BGB an P **übereignet** haben. Dies würde zunächst eine Einigung zwischen F und P über den Eigentumsübergang voraussetzen. F ist allerdings erst 6 Jahre alt und somit gem. § 104 Nr. 1 BGB **geschäftsunfähig**. Die Einigung ist daher gem. § 105 I BGB nichtig. Damit blieb F Eigentümer des Balls, der für P demnach fremd war.

bb) Tathandlung

Weiterhin müsste P den Ball **weggenommen** haben. Unter einer Wegnahme versteht man den Bruch fremden und die Begründung neuen Gewahrsams an der Sache.[5] Gewahrsam ist ein tatsächliches von einem Herrschaftswillen getragenes Herrschaftsverhältnis.[6] Ursprünglich hatte F Gewahrsam an dem Ball. Diesen verlor er jedoch, als P den Ball an sich nahm. Fraglich erscheint allerdings, ob es sich insofern um einen Gewahrsamsbruch handelt. Der Gewahrsam wird gebrochen, wenn er ohne den Willen des Gewahrsamsinhabers aufgehoben wird.[7] Da F der P den Ball freiwillig überließ, könnte ein **Einverständnis** des Gewahrsamsinhabers mit der Wegnahme vorliegen. Dies setzt zunächst das Vorliegen einer bewussten Zustimmung bei Beginn der Tatausführung voraus.[8] Als P den Ball von P übernahm, stimmte dieser dem Gewahrsamswechsel bewusst zu. Fraglich erscheint allerdings, ob F angesichts seines Alters überhaupt in der Lage war, ein wirksames Einverständnis zu erteilen. Beim Einverständnis kommt es

---

[4] *Wessels/Hillenkamp,* BT/2, Rn. 68.
[5] *Lackner/Kühl,* StGB, § 242 Rn. 8.
[6] *Lackner/Kühl,* StGB, § 242 Rn. 8a.
[7] *Lacker/Kühl,* StGB, § 242 Rn. 14.
[8] *Wessels/Beulke,* AT, Rn. 368.

wegen seines rein tatsächlichen Charakters aber nur auf die **natürliche Willensfähigkeit** des Betroffenen an.[9] Diese kann auch bei Minderjährigen vorliegen. F hatte den Willen, den Gewahrsam an dem Ball aufzugeben. Somit liegt ein tatbestandsausschließendes Einverständnis vor und es fehlt an einem Gewahrsamsbruch. P hat den Ball nicht weggenommen.

Der objektive Tatbestand des Diebstahls ist nicht erfüllt.

Merke: Das Einverständnis schließt bereits die Tatbestandsmäßigkeit aus, wenn der deliktische Charakter einer Tathandlung gerade darin besteht, dass sie nach der gesetzlichen Verhaltensbeschreibung **gegen oder ohne den Willen** des Verletzten erfolgt.[10] Neben dem Diebstahl ist ein tatbestandsausschließendes Einverständnis damit insbesondere bei den §§ 123, 177, 178, 235, 239, 240, 248b, 249, 252, 253, 255 StGB möglich.

---

2. Ergebnis

P hat sich nicht gem. § 242 I StGB wegen Diebstahls strafbar gemacht, indem sie den Ball des F nahm.

II. Strafbarkeit gem. § 223 I StGB

P könnte sich dadurch, dass sie dem M in den Hintern trat, wegen Körperverletzung gem. § 223 I StGB strafbar gemacht haben.

1. Tatbestand

a) Objektiver Tatbestand

aa) Erfolg

Es müsste eine körperliche Misshandlung oder eine Gesundheitsschädigung des M gegeben sein.

---

[9] *Gropp,* AT, § 6 Rn. 61; *Wessels/Beulke,* AT, Rn. 367.
[10] Schönke/Schröder-*Lenckner,* StGB, Vorbem. §§ 32 ff. Rn. 31; *Wessels/Beulke,* AT, Rn. 366.

48

(1) Körperliche Misshandlung

Eine **körperliche Misshandlung** ist eine üble, unangemessene Behandlung, durch die das körperliche Wohlbefinden nicht nur unerheblich beeinträchtigt wird.[11] Ein kräftiger Tritt in den Hintern stellt eine unangebrachte Behandlung des menschlichen Körpers dar und ist daher übel und unangemessen. Der Tritt verursachte bei M starke Schmerzen, die sein körperliches Wohlbefinden erheblich beeinträchtigten. Der Tritt ist somit als körperliche Misshandlung anzusehen.

(2) Gesundheitsschädigung

Eine **Gesundheitsschädigung** ist jedes Hervorrufen oder Steigern eines vom normalen Zustand der körperlichen Funktionen nachteilig abweichenden Zustandes.[12] Bei M wurden durch den Tritt erhebliche blaue Flecken verursacht. Dieser Zustand weicht negativ vom Normalzustand der Körperfunktionen ab. Folglich lag auch eine Gesundheitsschädigung vor.

bb) Handlung

Weiterhin müsste eine Handlung der P vorliegen. Handlung im Sinne des Strafrechts ist jedes vom menschlichen Willen beherrschte oder beherrschbare aktive Tun oder Unterlassen.[13] Der Tritt der P gegen M stellt ein aktives Tun dar, welches P auch mit ihrem Willen beherrschte. Damit lag eine Handlung der P vor.

> **Hinweis**: Die Handlung muss, wenn sie offensichtlich gegeben ist, nicht unbedingt geprüft werden. Sie ist hier der Vollständigkeit halber erwähnt.

---

[11] *Lackner/Kühl*, StGB, § 223 Rn. 4.
[12] *Lackner/Kühl*, StGB, § 223 Rn. 5.
[13] *Joecks*, StGB, Vor § 13 Rn. 16.

cc) Kausalität

Außerdem müsste die Handlung der P kausal für den tatbestandlichen Erfolg gewesen sein. Kausal im Sinne der Conditio-sine-qua-non-Formel ist jede Bedingung eines Erfolges, die nicht hinweggedacht werden kann, ohne dass der Erfolg in seiner konkreten Gestalt entfiele.[14] Der Tritt der P gegen M kann nicht hinweggedacht werden, ohne dass die schmerzenden blauen Flecken des M entfielen. Damit war P´s Handlung kausal für die Verletzung der körperlichen Unversehrtheit des M.

Merke: Eine im Vordringen befindliche Meinung misst der Einwilligung bereits **tatbestandsausschließende Wirkung** bei[15], so dass die Einwilligung bereits im objektiven Tatbestand zu prüfen wäre. Die vorliegende Lösung orientiert sich aber an der durch die h.M. vorgenommenen Einordnung der Einwilligung in die Stufe der Rechtswidrigkeit.[16] Angesprochen werden sollte dieser Streit nur bei Relevanz, also insbesondere in Irrtumskonstellationen.

b) Subjektiver Tatbestand

P müsste **vorsätzlich** gehandelt haben. Vorsatz ist der Wille zur Verwirklichung eines Straftatbestandes in Kenntnis aller seiner objektiven Tatumstände.[17] Im Hinblick auf die körperliche Misshandlung könnte P mit Absicht gehandelt haben. Dann müsste es ihr auf diesen Erfolg gerade angekommen sein.[18] P wusste, dass der Tritt eine üble, unangemessene Behandlung darstellt, die das körperliche Wohlbefinden des M erheblich beeinträchtigen würde und strebte dies auch an. Sie handelte hinsichtlich der körperlichen Misshandlung demnach mit Vorsatz in Form des dolus directus 1. Grades. Hinsichtlich der Gesundheitsschädigung könnte P wissentlich gehandelt haben. Dies

---

[14] *RGSt* 1, 373; *BGHSt* 1, 332; 45, 270 (294 f.).
[15] So etwa *Roxin*, AT I, § 13 Rn. 12 ff.
[16] *Gropp*, AT, § 6 Rn. 57 f.
[17] *Wessels/Beulke*, AT, Rn. 203.
[18] Vgl. *Lackner/Kühl*, StGB, § 15 Rn. 20.

würde voraussetzen, dass sie diese Tatfolge als sicher voraussah.[19] P wusste, dass der Tritt einen krankhaften Zustand hervorrufen würde und hatte im Hinblick auf die Gesundheitsschädigung somit Vorsatz in Form des dolus directus 2. Grades.

2. Rechtswidrigkeit

P müsste weiterhin rechtswidrig gehandelt haben.

Rechtfertigende Einwilligung[20]

Möglicherweise ist die Körperverletzung aber von einer **Einwilligung** des M gedeckt. Dann müssten die Voraussetzungen der rechtfertigenden Einwilligung erfüllt sein.

aa) Disponibilität des Rechtsguts

Zunächst müsste der **Verzicht** auf das betroffene Rechtsgut überhaupt **rechtlich zulässig** sein.[21] Betroffen ist hier die körperliche Unversehrtheit des M. Bei der körperlichen Unversehrtheit handelt es sich um ein Individualrechtsgut, das grundsätzlich disponibel ist[22]. Dass dem Verzicht auf die körperliche Unversehrtheit im konkreten Fall rechtliche Beschränkungen entgegenstehen, ist nicht ersichtlich.[23] Somit war der Verzicht auf die körperliche Unversehrtheit vorliegend rechtlich zulässig.

bb) Dispositionsbefugnis

Zudem müsste M **berechtigt** sein, über das betroffene Rechtsgut zu **verfügen**.[24] Zur Disposition über das Rechts-

---

[19] Vgl. *Lackner/Kühl*, StGB, § 15 Rn. 21.

[20] Die Einwilligung ist als Rechtfertigungsgrund im Strafrecht allgemein anerkannt. Rechtsgrundlage ist Gewohnheitsrecht. *Baumann/Weber/Mitsch*, § 17 Rn. 92.

[21] *Wessels/Beulke*, AT, Rn. 372; *Gropp*, AT, § 6 Rn. 39.

[22] *Baumann/Weber/Mitsch*, AT, § 17 Rn. 99; *Amelung/Eymann*, JuS 2001, 937 (939).

[23] Vgl. dazu *Wessels/Beulke*, AT, Rn. 372.

[24] Vgl. *Wessels/Beulke*, AT, Rn. 373.

gut befugt ist jedenfalls dessen alleiniger Inhaber.[25] M verfügt hier über seine körperliche Unversehrtheit, also über ein Rechtsgut, das ihm alleine zusteht. M war somit berechtigt über seine körperliche Unversehrtheit zu verfügen.

cc) Schranken der Dispositionsfreiheit: § 228 StGB

Bei Eingriffen in die körperliche Unversehrtheit darf die Tat gem. **§ 228 StGB** nicht gegen die **guten Sitten** verstoßen. Ein Verstoß gegen die guten Sitten liegt vor, wenn eine Handlung dem Anstandsgefühl aller billig und gerecht Denkenden zuwiderläuft.[26] Zur Bestimmung der Sittenwidrigkeit werden sowohl Beweggründe und Ziele der Beteiligten als auch Mittel und Art der Verletzung herangezogen. Umstritten ist allerdings, welche dieser Kriterien im Rahmen einer Gesamtbetrachtung im Vordergrund stehen.[27]

Teilweise wird vorrangig auf den mit der Körperverletzung verfolgten **Zweck** abgestellt.[28] P handelte aus wissenschaftlicher Neugier. Dieser Beweggrund kann nicht als sittenwidrig angesehen werden.

Neuerdings werden **Art und Gewicht** der Körperverletzung in den Vordergrund gestellt. Sittenwidrig sind danach insbesondere Körperverletzungen, die das Opfer in konkrete Lebensgefahr bringen.[29] Der Tritt brachte M nicht in die Gefahr schwerer Verletzungen. Auch der tatsächlich eingetretene Erfolg – blaue Flecken – wiegt nicht besonders schwer. Stellt man auf Art und Schwere der Körperverletzung ab, kann daher ebenfalls nicht von ihrer Sittenwidrigkeit ausgegangen werden.

Es spielt somit keine Rolle, welchen Kriterien man Priorität einräumt, da die vorliegende Körperverletzung nach keinem relevanten Kriterium als sittenwidrig einzustufen ist.

---

[25] *Wessels/Beulke,* AT, Rn. 373; *Baumann/Weber/Mitsch,* AT, § 17 Rn. 102.
[26] Vgl. Schönke/Schröder-*Stree,* StGB, § 228 Rn. 6.
[27] *Wessels/Beulke,* AT, Rn. 377; vgl. auch *Hardtung,* Jura 2005, 401 ff.
[28] *BGHSt* 4, 24 (31); *Lackner/Kühl,* StGB, § 228 Rn. 10.
[29] *BGHSt* 49, 166 (170 f.); *Stratenwerth/Kuhlen,* AT, § 9 Rn. 21.

dd) Erklärung der Einwilligung vor der Tat

Zudem wird überwiegend verlangt, dass die Einwilligung vor der Tat entweder ausdrücklich erklärt oder konkludent zum Ausdruck gebracht werden muss.[30] M erklärte sich ausdrücklich damit einverstanden, von P getreten zu werden. Eine Einwilligungserklärung vor der Tat lag somit vor.

ee) Einwilligungsfähigkeit

Weiterhin müsste M **einwilligungsfähig** sein.[31] Einwilligungsfähig ist grundsätzlich, wer nach seiner geistigen und sittlichen Reife im Stande ist, Bedeutung und Tragweite des Rechtsgutsverzichts zu erkennen und sachgerecht zu beurteilen.[32] Zumindest bei der Verletzung persönlicher Rechtsgüter besteht Einigkeit darüber, dass die Einwilligungsfähigkeit nicht voraussetzt, dass der Einwilligende zivilrechtlich geschäftsfähig ist.[33] M wusste aus eigener Erfahrung, wie unangenehm Fußtritte sein können. Er war somit im Stande, Bedeutung und Tragweite des Rechtsgutsverzichts zu erkennen und sachgerecht zu beurteilen. M war daher einwilligungsfähig.

ff) Keine wesentlichen Willensmängel

Außerdem dürfte die Einwilligung nicht an wesentlichen **Willensmängeln** leiden.[34] Hier könnte die Einwilligung aufgrund der Täuschung durch P unwirksam sein. P täuschte M darüber, dass er für die Hinnahme des Trittes ein Handy bekommen sollte. Es stellt sich die Frage, ob der durch diese Täuschung hervorgerufene Irrtum als so wesentlich zu betrachten ist, dass er zur Unwirksamkeit der Einwilligung führt.[35]

---

[30] *Wessels/Beulke*, AT, Rn. 378; *Haft*, AT, S. 74 f.; *Kühl*, AT, § 9 Rn. 31 f.; a.A. *Rönnau*, Jura 2002, 665 (666).
[31] Vgl. *Kühl*, AT, § 9 Rn. 33; *Gropp*, AT, § 6 Rn. 40 ff.
[32] *Wessels/Beulke*, AT, Rn. 374.
[33] *Wessels/Beulke*, AT, Rn. 374 f.
[34] *Wessels/Beulke*, AT, Rn. 376; *Rönnau*, Jura 2002, 665 (669 f.).
[35] Ausführlich zum folgenden Streit *Hillenkamp*, Probleme AT, S. 45 ff.

(1) Allgemeine Unwirksamkeitstheorie

Nach einer Ansicht ist **jede** auf einem **täuschungs-bedingten Irrtum** beruhende Einwilligung unwirksam.[36] M hätte dem Tritt nicht zugestimmt, wenn ihm nicht das Handy in Aussicht gestellt worden wäre. Seine Einwilligung beruhte daher auf dem durch die Täuschung hervorgerufenen Irrtum und wäre nach dieser Ansicht unwirksam.

(2) Rechtsgutsbezogene Unwirksamkeitstheorie

Andere gehen davon aus, dass nur eine **rechtsguts-bezogene Täuschung** zur Unwirksamkeit der Einwilligung führt.[37] Rechtsgutsbezogen ist ein Irrtum, der Bedeutung, Tragweite und Auswirkungen des Rechtsgutsverzichts betrifft.[38] Über die Auswirkungen der Handlung für die körperliche Unversehrtheit täuschte P den M nicht und dieser erlag auch keinem entsprechenden Irrtum. Nach dieser Ansicht würde die Täuschung somit nicht zur Unwirksamkeit der Einwilligung führen.

(3) Normative Autonomietheorie

Nach einer vermittelnden Ansicht macht eine Täuschung die Einwilligung dann unwirksam, wenn sie eine **selbst-bestimmte Entscheidung** des Rechtsgutsträgers über Preisgabe oder Verletzung des Rechtsgutes **ausschließt**.[39] Dies sei der Fall, wenn die Täuschung zu einer notstands-ähnlichen Zwangslage führe.[40] Vorliegend bezog sich die Täuschung allein auf die Gegenleistung. M wurde durch die Täuschung nicht unter besonderen Druck gesetzt, so dass keine notstandsähnliche Zwangslage hervorgerufen wurde.

---

[36] *Baumann/Weber/Mitsch,* AT, § 17 Rn. 109; *Rönnau,* Jura 2002, 665 (674); *Kindhäuser,* AT, § 12 Rn. 27; LK-*Hirsch,* StGB, Vor § 32 Rn. 119.

[37] *Wessels/Beulke,* AT, Rn. 376; Schönke/Schröder-*Lenckner,* StGB, Vorbem §§ 32 ff. Rn. 47; *Joecks,* StGB, Vor § 32 Rn. 35;

[38] *Kühl,* AT, § 9 Rn. 37.

[39] *Roxin,* AT I, § 13 Rn. 99; *Lackner/Kühl,* StGB, § 228 Rn. 8; *Kühl,* AT, § 9 Rn. 37 ff.; *Gropp,* AT, § 6 Rn. 44.

[40] *Kühl,* AT, § 9 Rn. 39.

Die Einwilligung des M stellt sich demnach noch als Ausdruck seiner freien Verfügung dar. Sie wäre nach dieser Ansicht somit nicht als unwirksam zu betrachten.

(4) Diskussion/ Zwischenergebnis

Da die Ansichten zu unterschiedlichen Ergebnissen führen, stellt sich die Frage, welcher Auffassung der Vorzug zu geben ist.

Die Annahme, dass eine durch Täuschung beeinflusste Einwilligung stets unwirksam ist, beruht auf dem Gedanken, dass Rechtsgüter um der freien Entfaltung des Einzelnen willen geschützt werden, so dass der strafrechtliche Schutz die personale Entscheidungsfreiheit beim Umgang mit eigenen Gütern insgesamt und nicht nur teilweise umfassen müsse.[41] Die **autonome Entscheidungsbefugnis** sei stets aufgehoben, wenn eine Situation vorgetäuscht werde, in der sich für das Opfer ein Einwilligungsanlass ergebe.[42] Die Rechtsgüter besäßen für ihren Inhaber auch einen **Tauschwert**, der ihn befähige, sie für andere Werte aufzuopfern.[43]

Ein derartiger strafrechtlicher Schutz der Dispositions- und Tauschfreiheit geht aber über den vom Gesetzgeber als schutzwürdig angesehenen Rahmen hinaus und **verfälscht** im Ergebnis die **spezifische Schutzrichtung** der Straftatbestände.[44] Daher muss der Getäuschte auf solche Tatbestände – wie insbesondere § 263 StGB – verwiesen werden, die dem Schutz der Dispositions- und Tauschfreiheit dienen.[45] Wenn diese im Einzelfall nicht eingreifen, sollte das enttäuschte Vertrauen nicht über den Umweg der Körperverletzungsdelikte geschützt werden, da dies einer Kommerzialisierung höchstpersönlicher Rechtsgüter Vor-

---

[41] *Kindhäuser,* AT, § 12 Rn. 27.
[42] LK-*Hirsch,* StGB Vor § 32 Rn. 119.
[43] *Rönnau,* Jura 2002, 665 (671); *Amelung/Eymann,* Jura 2005, 937 (943).
[44] *Joecks,* StGB, Vor § 32 Rn. 24;
[45] Schönke/Schröder-*Lenckner,* StGB, Vorbem. §§ 32 ff., Rn. 47; *Roxin,* AT I, § 13 Rn. 99.

schub leisten würde.[46] Die Täuschung führt daher nicht zur Unwirksamkeit der Einwilligung.

gg) Subjektives Rechtfertigungselement

Schließlich müsste P in **Kenntnis** der Einwilligung gehandelt haben.[47] P wusste von der Zustimmung des M, handelte also in Kenntnis der Einwilligung.
Die Körperverletzung ist somit von einer rechtfertigenden Einwilligung gedeckt. P handelte nicht rechtswidrig.

3. Ergebnis

P hat sich nicht wegen Körperverletzung gem. § 223 StGB strafbar gemacht, indem sie M trat.

III. Strafbarkeit gem. § 303 I StGB

P könnte sich dadurch, dass sie auf das Handy des A trat, wegen Sachbeschädigung gem. § 303 I StGB strafbar gemacht haben.

1. Tatbestand

a) Objektiver Tatbestand

aa) Tatobjekt

Zunächst müsste es sich bei dem Handy um eine fremde Sache handeln.

Sachen sind nur körperliche Gegenstände.[48] Bei dem Handy handelt es sich um einen körperlichen Gegenstand und somit um eine Sache. Eine Sache ist **fremd**, wenn sie im Eigentum einer anderen Person steht.[49] Das Handy steht im Eigentum des A. Es war für P demnach fremd.

---

[46] *Roxin,* AT I, § 13 Rn. 99.
[47] Vgl. *Gropp,* AT, § 6 Rn. 49.
[48] *Lackner/Kühl,* StGB, § 303 Rn. 2 unter Verweis auf § 242 Rn. 2.
[49] Schönke/Schröder-*Stree,* StGB, § 303 Rn. 4.

bb) Tathandlung

Weiterhin müsste P das Handy beschädigt oder zerstört haben.

(1) Zerstörung

In Betracht kommt zunächst eine **Zerstörung** des Handys. Zerstört ist eine Sache, wenn sie aufgrund der erfolgten Einwirkung in ihrer Existenz vernichtet oder so wesentlich beschädigt ist, dass sie ihre bestimmungsgemäße Brauchbarkeit völlig verloren hat.[50] P trat ein Loch in das Farbdisplay des Handys und wirkte so auf dieses ein. Die Existenz des Handys wurde dadurch nicht vernichtet. Möglicherweise könnte das Handy aber seine bestimmungsgemäße Brauchbarkeit verloren haben. Ein Handy besitzt mehrere Funktionen, von denen einige, wie etwa das Lesen von Textnachrichten, mit einem defekten Display nicht ausgeführt werden können. Dagegen kann ein Handy auch ohne ein intaktes Display theoretisch noch zum Telefonieren verwendet werden. Aus dem Sachverhalt geht nicht hervor, dass das Handy völlig unbrauchbar geworden ist. Daher kann nicht von einer Zerstörung ausgegangen werden.

(2) Beschädigung

P könnte das Handy jedoch **beschädigt** haben. Der Täter beschädigt eine Sache, wenn er ihre Substanz nicht unerheblich verletzt oder auf sie körperlich derart einwirkt, dass dadurch die bestimmungsgemäße Brauchbarkeit der Sache mehr als nur geringfügig beeinträchtigt wird.[51] P´s Tritt führte zu einem Loch im Display des Handys. Dadurch wurde die Substanz des Handys nicht unerheblich verletzt. Ein Loch im Farbdisplay führt zudem dazu, dass bestimmte Funktionen des Handys nicht mehr genutzt werden können, so dass auch seine bestimmungsgemäße Brauchbarkeit erheblich beeinträchtigt wurde. P beschädigte das Handy somit.

---

[50] *Wessels/Hillenkamp*, BT/2, Rn. 31.
[51] Schönke/Schröder-*Stree*, StGB, § 303 Rn. 8.

b) Subjektiver Tatbestand

P müsste **vorsätzlich** hinsichtlich der Beschädigung einer fremden Sache gehandelt haben. P wusste, dass es sich bei dem Handy um eine für sie fremde Sache handelt. Sie wusste auch, dass sie durch den Tritt mit dem Pfennig-absatz die Substanz und die bestimmungsgemäße Brauch-barkeit des Handys erheblich beeinträchtigen würde. Dies wollte sie auch und handelte somit vorsätzlich in Form der Absicht.

2. Rechtswidrigkeit

P müsste zudem rechtswidrig gehandelt haben.

Rechtfertigende Einwilligung

Die Sachbeschädigung könnte aber durch eine recht-fertigende **Einwilligung** gedeckt sein. Dazu müssten die Voraussetzungen einer rechtfertigenden Einwilligung vor-liegen.

aa) Disponibilität des Rechtsguts

Zunächst müsste der Verzicht auf das betroffene Rechtsgut überhaupt **rechtlich zulässig** sein. Betroffen ist hier das Eigentum des A. Bei dem Eigentum handelt es sich um ein Individualrechtsgut, das disponibel ist. Somit war der Ver-zicht auf das Eigentum rechtlich zulässig.

bb) Dispositionsbefugnis

Weiterhin müsste A **berechtigt** sein, über das betroffene Rechtsgut zu verfügen. A verfügt hier über sein Eigentum. Da dieses Rechtsgut ihm alleine zusteht, war A berechtigt darüber zu verfügen.

cc) Erklärung der Einwilligung vor der Tat

A hat die Einwilligung ausdrücklich vor der Tat erklärt.

58

dd) Einwilligungsfähigkeit

Zudem müsste A **einwilligungsfähig** sein. Dies erscheint fraglich, weil es vorliegend um die Einwilligung in eine Verletzung des Eigentums geht und A erst 17 Jahre alt ist. Ob Minderjährige in die Verletzung von Vermögens- und Eigentumsrechten wirksam einwilligen können, ist umstritten.[52]

(1) Zivilrechtliche Theorie

Nach einer Ansicht sind bei einer Einwilligung in Vermögens- und Eigentumsverletzungen die **§§ 105 ff. BGB** entsprechend anzuwenden.[53] Der Einwilligende muss also voll geschäftsfähig sein oder sein gesetzlicher Vertreter muss seine Zustimmung erteilen. A ist als 17jähriger nur beschränkt geschäftsfähig, so dass er nach dieser Ansicht nicht fähige wäre, eine wirksame Einwilligung in die Verletzung seines Eigentums zu erklären.

(2) Strafrechtliche Theorie

Ganz überwiegend wird aber angenommen, dass die Einwilligungsfähigkeit des Minderjährigen gegeben ist, wenn er nach seiner **Einsichts- und Urteilsfähigkeit** Wesen, Tragweite und Auswirkungen des seine Interessen berührenden Eingriffs voll erfasst. Auch bei einer Einwilligung in Vermögens- oder Eigentumsrecht soll danach eine **Geschäftsfähigkeit** im Sinne des Bürgerlichen Rechts **nicht erforderlich** sein.[54] Vorliegend bezieht sich die Einwilligung auf einen relativ leicht zu überblickenden Vorgang. Dass das Handy durch den Tritt beschädigt wird, konnte A als 17jähriger ohne weiteres voraussehen. A ist nach dieser Ansicht also als einwilligungsfähig anzusehen.

---

[52] Vgl. zum folgenden Streit *Hillenkamp*, Probleme AT, S. 42 ff.
[53] Schönke/Schröder-*Lenckner*, StGB, Vorbem. §§ 32 ff., Rn. 39 ff; *Haft*, AT, S. 78; *Jakobs*, AT, Absch. 7 Rn. 114.
[54] *Wessels/Beulke*, AT, Rn. 375; *Baumann/Weber/Mitsch*, AT, § 17 Rn. 103; *Kühl*, AT, § 9 Rn. 33.

(3) Diskussion/ Zwischenergebnis

Da die zivilrechtliche und die strafrechtliche Theorie zu unterschiedlichen Ergebnissen gelangen, muss entschieden werden, welcher Ansicht zu folgen ist. Die zivilrechtliche Theorie will Wertunterschiede und Friktionen zwischen Zivil- und Strafrecht vermeiden.[55] Die Frage der Einwilligungsfähigkeit könne für das Strafrecht nicht anders bewertet werden als für das Zivilrecht, weil Rechtfertigungsgründe auf besonderen Erlaubnisnormen beruhen, die als Aufhebung eines Verbots für beide Rechtsgebiete gleichermaßen gelten.[56]

Diese Argumentation überzeugt jedoch nicht, da Zivil- und Strafrecht unterschiedliche Zielsetzungen verfolgen[57]: Im Zivilrecht geht es um die Übertragung von Rechten. Daher sind im Verkehrsinteresse feste Altersgrenzen erforderlich.[58] Ein entsprechendes Bedürfnis nach Klarheit und Sicherheit im Rechtsverkehr besteht jedoch im Strafrecht nicht[59], da es hier um die Frage der Strafwürdigkeit einer Handlung trotz Preisgabe des betroffenen Rechtsgutes geht. Die festen Altersgrenzen können daher durch die individuelle Prüfung der konkreten Einsichts- und Urteilsfähigkeit ersetzt werden. Ein Widerspruch zwischen Strafrecht und Zivilrecht entsteht dadurch nicht, da die wirksame strafrechtliche Einwilligung die Handlung nicht im positiven Sinne rechtmäßig macht, sondern nur das strafrechtlich relevante Unrecht aufhebt.[60]

Zwar kann der strafrechtliche Vermögensschutz nicht über die Anforderungen, die hinsichtlich der Vornahme von Rechtsgeschäften gelten, hinausgehen, er kann aber aus Gründen der Subsidiarität durchaus hinter ihnen zurückbleiben.[61]

---

[55] *Jakobs,* AT, Abschn. 7 Rn. 114.
[56] Schönke/Schröder-*Lenckner,* StGB, Vorbem. §§ 32 ff. Rn. 39.
[57] *Wessels/Beulke,* AT, Rn. 375; *Rönnau,* Jura 2002, 665 (669).
[58] LK-*Hirsch,* StGB, Vor § 32 Rn. 118.
[59] LK-*Hirsch,* StGB, Vor § 32 Rn. 118.
[60] *Stratenwerth/Kuhlen,* AT, § 9 Rn. 25.
[61] LK-*Hirsch,* StGB, Vor § 32 Rn. 118.

Schließlich führt die zivilrechtlich Theorie zu dem widersprüchlichen Ergebnis, dass ein beschränkt Geschäftsfähiger bei entsprechender Einsichtsfähigkeit zwar in die Verletzung seines Körpers, nicht aber in die Verletzung seines Eigentums einwilligen kann.[62] Daher ist der strafrechtlichen Theorie zu folgen und die Einwilligungsfähigkeit des A zu bejahen.

ee) Keine wesentlichen Willensmängel

Dass die Einwilligung an wesentlichen Willensmängeln leiden könnte, ist nicht ersichtlich.

ff) Subjektives Rechtfertigungselement

Schließlich handelte P auch in Kenntnis der Einwilligung.
Die Voraussetzungen einer rechtfertigenden Einwilligung sind somit erfüllt. P handelte rechtmäßig.

3. Ergebnis

P hat sich nicht wegen Sachbeschädigung gemäß § 303 I StGB strafbar gemacht, indem sie ein Loch in das Farbdisplay trat.

---

[62] *Stratenwerth/Kuhlen,* AT, § 9 Rn. 25; *Joecks,* StGB, Vor § 32 Rn. 23.

Vertiefungshinweise

- *Aufsatz zur Einwilligung: Rönnau*, Jura 2002, 665 ff.
- *Aufsatz zur Einwilligung: Amelung/Eymann*, JuS 2001, 937 ff.

- *Übungsfall zur Einwilligung: Hillenkamp*, JuS 2001, 159 ff.

- *Rechtsprechungsübersicht zu § 228 StGB: Hardtung*, Jura 2005, 401 ff.

- *Problemdarstellung zur Wirksamkeit einer durch Täuschung beeinflussten Einwilligung: Hillenkamp*, 32 Probleme aus dem Strafrecht Allgemeiner Teil, S. 45 ff.

- *Problemdarstellung zur Einwilligungsfähigkeit Minderjähriger bei Eigentums- und Vermögensdelikten: Hillenkamp*, 32 Probleme aus dem Strafrecht Allgemeiner Teil, S. 42 ff.

Fall 5: „Der Kirschbaum"[1]

▸ **Standort:** Strafrecht AT, Notwehr u. a. Rechtfertigungsgründe

Der gelähmte Gustav (G) sitzt in seinem Rollstuhl mit seinem alten Wehrmachtskarabiner auf der Terrasse, um seinen Kirschbaum gegen Amseln, Drosseln, Finken und Staren zu verteidigen.

Da sieht er plötzlich, wie der neun Jahre alte Kevin-Finn-Eric (K) über die Mauer in seinen Garten klettert und – da er den G nicht sieht – auf dessen Kirschbaum steigt und sich kräftig an den Früchten bedient.

Auf den Zuruf des G, er solle sofort verschwinden, reagiert K nicht, da er weiß, dass G gelähmt ist und glaubt, dass er ihn daher nicht vertreiben könne. Auch das Androhen eines Schusses schreckt K nicht, da er den G nicht ernst nimmt. Selbst nach einem Warnschuss in die Luft winkt K dem G nur grinsend und mit vollen Backen zu.

Der G gibt daraufhin mit seinem Gewehr einen gezielten Schuss („Gelernt ist gelernt"[2]) auf den Arm des K ab. Der Junge wird durch den Schuss am Oberarm getroffen und fällt vom Baum. Nur mit einiger Mühe gelingt es dem von G herbeigerufenen Notarzt, die Blutungen des K rechtzeitig zu stoppen.

Damit hatte der G nicht gerechnet, da er selbst bei einer gleichartigen Verletzung vor 63 Jahren kaum Blut verloren hatte.

Strafbarkeit der Beteiligten nach dem StGB? Die §§ 221, 239, 240, 303 StGB sind nicht zu prüfen.

---

[1] Dieser Fall ist ein wahrer „Klassiker" der juristischen Ausbildung und darf daher auch in diesem Skript nicht fehlen. Er findet sich schon 1873 bei *v. Buri*, Ueber Causalität und deren Verantwortung, S. 93; später z. B. bei *Welzel*, Das Deutsche Strafrecht[11], S. 87 und heute etwa bei *Wessels/Beulke*, AT, Rn. 343.

[2] © Stefan Uecker.

A. Die Strafbarkeit des K

I. Diebstahl, § 242 I StGB

1. Tatbestand
   a) Objektiver Tatbestand: Wegnahme einer fremden, beweglichen Sache
   b) Subjektiver Tatbestand
2. Rechtswidrigkeit
3. Schuld: K ist schuldunfähig gemäß § 19 StGB
4. Ergebnis

II. Hausfriedensbruch, § 123 I StGB

1. Tatbestand
   a) Objektiver Tatbestand: Eindringen und Verbleiben trotz Aufforderung
   b) Subjektiver Tatbestand
2. Rechtswidrigkeit
3. Schuld
4. Ergebnis

B. Die Strafbarkeit des G

- Gefährliche Körperverletzung gegenüber K, §§ 223 I, 224 I StGB

1. Tatbestand
   a) Objektiver Tatbestand: Vorliegen von §§ 223 I, 224 I Nr. 2, 5 StGB
   b) Subjektiver Tatbestand: Tatbestandsirrtum bzgl. § 224 I Nr. 5 StGB
2. Rechtswidrigkeit
   a) Notwehr, § 32 I, II, 1. Alt. StGB: Notwehr nicht geboten
   b) Festnahmerecht, § 127 I StPO: Unverhältnismäßiges Festnahmemittel
   c) Selbsthilferecht des Besitzers, § 859 II BGB: deutlich disproportional
   d) Rechtfertigender Notstand, § 34 I S. 1 StGB: kein Überwiegen der Interessen des G
3. Schuld
4. Ergebnis

C. Endergebnis

A. Strafbarkeit des K

I. Diebstahl, § 242 I StGB

Indem K die Kirschen des G pflückte und aß, könnte er sich wegen Diebstahls gemäß § 242 I StGB strafbar gemacht haben.

Aufbauhinweis: K ist zwar gemäß § 19 StGB offensichtlich schuldunfähig, allerdings ist die Frage nach dem von K begangenen Unrecht für die mögliche Rechtfertigung des G von Bedeutung. Es wäre nun nicht falsch, die Strafbarkeit des K im Rahmen der Strafbarkeit des G (also „inzident") zu untersuchen, doch wäre diese Vorgehensweise recht unübersichtlich und daher unzweckmäßig.

1. Tatbestand

a) Objektiver Tatbestand

aa) Tatobjekt

Bei den Kirschen müsste es sich um eine **fremde bewegliche Sache** handeln. Sache im Sinne des Strafrechts ist jeder körperliche Gegenstand.[3] Kirschen sind körperliche Gegenstände und damit Sachen nach § 242 StGB. Beweglich sind alle Sachen, die fortbewegt werden können, wobei es ausreicht, dass die Sache erst mit der Wegnahme beweglich gemacht wird.[4] Die Kirschen können anlässlich der Wegnahme weggeschafft werden und sind daher beweglich. Fremd ist eine Sache, die (auch) im Eigentum eines anderen steht, also weder herrenlos ist noch ausschließlich dem Täter selbst gehört.[5] Die Kirschen befanden sich bis zum Verzehr durch K gemäß §§ 94 I S. 2, 99 I, 953 BGB im Alleineigentum des G und waren daher für K fremd. Ein taugliches Tatobjekt ist damit gegeben.

bb) Tathandlung

K müsste die Kirschen weggenommen haben. **Wegnahme** ist die Aufhebung fremden und die Begründung neuen, nicht notwendig tätereigenen Gewahrsams gegen oder ohne den Willen des bisherigen Gewahrsamsinhabers.[6] Gewahrsam ist die von einem natürlichen Herrschaftswillen getragene

---

[3] *Tröndle/Fischer*, StGB, § 242 Rn. 3.
[4] *Tröndle/Fischer*, StGB, § 242 Rn. 4.
[5] *Wessels/Hillenkamp*, BT/2, Rn. 68.
[6] *Joecks*, StGB, § 242 Rn. 10.

tatsächliche Sachherrschaft eines Menschen über eine Sache, deren Reichweite von der Verkehrsanschauung bestimmt wird.[7] Dem Grundstücksinhaber ist nach den Anschauungen des tatsächlichen Lebens der Gewahrsam an allen auf seinem Grund befindlichen Gegenständen zuzuschreiben, sofern sie dort nicht gegen seinen Willen deponiert werden. Diese Zuschreibung typischer Gewahrsamssphären ist dabei gewichtiger als die unter Umständen bestehende Einschränkung der rein faktischen Beherrschbarkeit der Sache.[8] Demnach hatte G als Eigentümer des Grundstücks trotz seiner Behinderung den Gewahrsam an den Bäumen und ihren Früchten in seinem Garten inne.

Spätestens als K die Kirschen aufaß, wechselte die tatsächliche Sachherrschaft an den Früchten; auch nach der Verkehrsanschauung ist die Sache mit dem Verzehr eindeutig der Sphäre des Täters zuzuordnen. K hat daher neuen Gewahrsam begründet. Diese Gewahrsamsaufhebung erfolgte zudem gegen den ausdrücklichen Willen des G; daher lag auch ein Bruch fremden Gewahrsams vor. K hat die Kirschen somit weggenommen.

b) Subjektiver Tatbestand

aa) Vorsatz

K müsste vorsätzlich gehandelt haben. Vorsatz ist der Wille zur Verwirklichung eines Straftatbestandes in Kenntnis aller seiner objektiven Tatumstände.[9] K erkannte, dass es sich bei den Kirschen um fremde bewegliche Sachen handelte. K kam es darauf an, diese Kirschen G wegzunehmen. Er handelte daher mit dolus directus 1. Grades.

bb) Absicht rechtswidriger Zueignung

Außerdem müsste K die nach § 242 StGB erforderliche Zueignungsabsicht gehabt haben. Dabei muss der Täter die

---

[7] *Wessels/Hillenkamp*, BT/2, Rn. 71.
[8] *Wessels/Hillenkamp*, BT/2, Rn. 78.
[9] *Wessels/Beulke*, AT, Rn. 203.

Absicht der zumindest vorübergehender **Aneignung** der Sache (dolus directus 1. Grades) haben sowie mit **dolus eventualis hinsichtlich** einer **dauerhaften Enteignung** vorgehen.[10] K wollte die Kirschen aufessen und handelte daher mit Aneignungsabsicht. Ferner war K bewusst, dass er den G durch den Verzehr dauerhaft enteignen würde und hatte daher diesbezüglich sogar sicheres Wissen.

Die angestrebte Zueignung müsste auch **rechtswidrig** sein. Dafür darf der Täter keinen fälligen, einredefreien Anspruch auf Übereignung der Sache oder ein gesetzliches Aneignungsrecht haben.[11] Einen Übereignungsanspruch oder ein Aneignungsrecht hatte K nicht. Die Zueignungsabsicht war daher rechtswidrig. Dies hatte K auch erkannt.

2. Rechtswidrigkeit

Ein Rechtfertigungsgrund kommt für K nicht in Betracht. K handelte **rechtswidrig**.

3. Schuld

K müsste schuldhaft gehandelt haben. Gemäß § 19 StGB ist schuldunfähig, wer bei Begehung der Tat noch nicht 14 Jahre alt ist. K ist bei Begehung der Tat erst neun Jahre alt und handelte daher **ohne Schuld**.

4. Ergebnis

K hat sich nicht wegen Diebstahls gemäß § 242 I StGB strafbar gemacht.

II. Hausfriedensbruch, § 123 I StGB

Indem K das Grundstück des G betrat und dieses trotz Aufforderung des G nicht verließ, könnte er sich wegen Hausfriedensbruchs gemäß § 123 I StGB strafbar gemacht haben.

---

[10] *Joecks*, StGB, § 242 Rn. 46.
[11] *Tröndle/Fischer*, StGB, § 242 Rn. 49 f.

1. Tatbestand

a) Objektiver Tatbestand

K müsste in eine der von § 123 I StGB geschützten Örtlichkeiten eingedrungen sein. In Betracht kommt hier die Verletzung befriedeten Besitztums. Damit sind Grundstücke gemeint, welche durch zusammenhängende, nicht unbedingt lückenlose Schutzwehren in äußerlich erkennbarer Weise gegen das willkürliche Betreten durch andere gesichert sind.[12] G hatte sein Grundstück durch eine Mauer auf erkennbare Weise gegen das eigenmächtige Betreten durch Dritte geschützt. Sein Garten stellte daher **befriedetes Besitztum** dar.

Unter dem Begriff des „Eindringens" wird das Betreten des Tatobjekts gegen den Willen des Berechtigten verstanden.[13] Auf einen entgegenstehenden Willen des G konnte angesichts der Mauer ohne weiteres geschlossen werden. K betrat G's Grundstück daher gegen dessen Willen und ist damit im Sinne von § 123 I, 1. Alt. StGB eingedrungen. Indem K sich trotz Aufforderung des G nicht vom Grundstück entfernte, verwirklichte er überdies § 123 I, 2. Alt. StGB[14].

b) Subjektiver Tatbestand

K wusste, dass das Grundstück des G befriedetes Besitztum darstellte. Das Betreten des Grundstücks und das Verweilen in dem Garten waren ferner (notwendige Zwischen-)Ziele seines Handelns. Er handelte daher mit dolus directus 1. Grades.

2. Rechtswidrigkeit

K handelte **rechtswidrig**.

---

[12] *Wessels/Hettinger*, BT/1, Rn. 582.
[13] *Joecks*, StGB, § 123 Rn. 18.
[14] Die zweite Alternative ist allerdings ein subsidiärer Tatbestand, dem selbständige Bedeutung nur zukommt, wenn die erste Alternative nicht vorliegt, *BGHSt* 21, 224 (225).

68

3. Schuld

Die **Schuld** des K **ist** jedoch nach § 19 StGB **ausgeschlossen** (s. o.).

4. Ergebnis

K hat sich nicht wegen Hausfriedensbruchs gemäß § 123 I StGB strafbar gemacht.

B. Strafbarkeit des G

Gefährliche Körperverletzung gegenüber K, §§ 223 I, 224 I Nr. 2, 5 StGB

Durch den Armschuss gegenüber K könnte G sich wegen gefährlicher Körperverletzung gemäß §§ 223 I, 224 I Nr. 2,5 StGB strafbar gemacht haben.

1. Tatbestand

a) Objektiver Tatbestand

aa) Erfolg

Es müsste eine körperliche Misshandlung des K oder eine Schädigung seiner Gesundheit gegeben sein.

(1) Körperliche Misshandlung

Körperliche Misshandlung ist jede üble, unangemessene Behandlung, welche das körperliche Wohlbefinden oder die körperliche Unversehrtheit mehr als nur unerheblich beeinträchtigt.[15]

Der Schuss in den Arm wird mit heftigen und lang anhaltenden Schmerzen bei K verbunden gewesen sein, welche das körperliche Wohlbefinden erheblich vermindern. Auch führt die Schusswunde zu einer Beeinträchtigung der körperlichen Unversehrtheit. Eine körperliche Misshandlung war daher gegeben.

---

[15] *Tröndle/Fischer*, StGB, § 223 Rn. 3a.

(2) Gesundheitsschädigung

Eine Schädigung der Gesundheit liegt vor, wenn ein von der Norm der körperlichen Funktionen nachteilig abweichender Zustand geschaffen oder gesteigert wird.[16] Ein Schuss in den Oberarm führt stets zu Haut- / Muskel- und Gefäß-verletzungen mit einhergehendem Blutverlust und einer erheblichen Beeinträchtigung der Bewegungsmöglichkeiten. Diese Folgen sind allesamt nachteilige Abweichungen vom körperlichen Normalzustand. Auch eine Gesundheits-schädigung des K ist damit eingetreten.

bb) Handlung

Handlung im Sinne des Strafrechts ist jedes vom menschlichen Willen beherrschte oder beherrschbare aktive Tun oder Unterlassen.[17]

Der Schuss auf K stellte ein aktives Tun dar, welches G auch mit seinem Willen beherrschte. Damit war eine Handlung im Sinne des Strafrechts gegeben.

cc) Kausalität

G müsste kausal für die Armverletzung des K gewesen sein. Kausal ist jede Bedingung eines Erfolges, die nicht hinweggedacht werden kann, ohne dass der Erfolg in seiner konkreten Gestalt entfiele.[18] Hätte G nicht K anvisiert und abgedrückt, wäre es nicht zu der Schusswunde bei K gekommen. Daher war das Verhalten des G **kausal** für den Eintritt des tatbestandlichen Erfolgs bei K.

dd) Objektive Zurechnung

Ein Ausschluss der objektiven Zurechnung aufgrund einer der hierzu anerkannten Fallgruppen kommt für diesen Sachverhalt nicht in Betracht.

---

[16] *Joecks*, StGB, § 223 Rn. 9.
[17] *Joecks*, StGB, vor § 13 Rn. 16.
[18] *RGSt* 1, 373; *BGHSt* 1, 332; 45, 270 (294 f.).

ee) Qualifikationsmerkmale des § 224 I StGB

G könnte auch den objektiven Tatbestand der gefährlichen Körperverletzung verwirklicht haben. Hierfür müsste er eines der in § 224 I StGB aufgeführten Qualifikationsmerkmale erfüllt haben.

(1) Körperverletzung mittels einer Waffe, § 224 I Nr. 2, 1. Alt. StGB

In Betracht kommt die Verwendung einer Waffe. **Waffe** im Sinne des § 224 StGB ist jeder Gegenstand, der nach seiner Art dazu bestimmt ist, erhebliche Verletzungen von Menschen zu verursachen.[19] Der von G gebrauchte Karabiner ist nach seinen Eigenschaften dazu bestimmt, andere Menschen zu töten bzw. zu verletzen. Es handelt sich daher bei dem Gewehr des G um eine Waffe im Sinne des § 224 I Nr. 2, 1. Alt. StGB.

(2) Lebensgefährdende Behandlung, § 224 I Nr. 5 StGB

Ferner könnte durch den Schuss in den Arm des K **eine das Leben gefährdende Behandlung** gemäß § 224 I Nr. 5 StGB bestanden haben.

(a) Die herrschende Meinung

Die überwiegende Auffassung verlangt hierfür, dass die Täterhandlung nach der konkreten Sachlage **objektiv** dazu **geeignet** war, **das Leben** des Opfers **zu gefährden**; die reale Verletzung muss dabei aber nicht lebensgefährlich gewesen sein.[20] Nach dem Sachverhalt hat der Schuss tatsächlich zu einer lebensbedrohenden Verletzung des K geführt. Damit kann ohne weiteres auch von seiner objektiven Eignung zur Herbeiführung einer derartigen Verletzung ausgegangen werden. Eine lebensgefährdende Behandlung war demnach für die herrschende Ansicht gegeben.

---

[19] *Tröndle/Fischer*, StGB, § 224 Rn. 9 d.
[20] *BGHSt* 2, 160 (163); *BGH* NStZ 2004, 618; *Wessels/Hettinger*, BT/1, Rn. 282.

(b) Die Minderheitsmeinung

Nach einer Minderheitsmeinung im Schrifttum soll es wegen des hohen Strafrahmens der §§ 223, 224 StGB hingegen notwendig sein, dass das Opfer durch die Tathandlung in **konkrete Lebensgefahr** geraten ist.[21] K ist aufgrund des Schusses fast verblutet, so dass eine konkrete Lebensgefahr vorlag. Auch nach dieser Ansicht ist damit eine das Leben gefährdende Behandlung gegeben.

(c) Streitentscheid

Beide Auffassungen kommen hier zum gleichen Ergebnis; ein Streitentscheid ist daher nicht vonnöten. G hat den objektiven Tatbestand des § 224 I Nr. 5 StGB erfüllt.

b) Subjektiver Tatbestand

G müsste mit Vorsatz gehandelt haben.

aa) Vorsatz hinsichtlich § 223 I StGB

Nach der Vorstellung des G waren die mit dem Schuss verbundene körperliche Misshandlung und auch die Gesundheitsschädigung des K die einzige Möglichkeit, den Jungen vom weiteren Diebstahl abzuhalten. Er handelte daher hinsichtlich dieser Erfolge mit dolus directus 1. Grades in Form eines notwendigen Zwischenziels.

bb) Vorsatz bzgl. § 224 I Nr. 2, 1. Alt. StGB

G erkannte, dass es sich bei seinem Gewehr um eine Sache handelte, die ihrer Art nach dazu bestimmt ist, andere Menschen zu verletzen. Er wollte das Gewehr auch zur Körperverletzung benutzen. T handelte daher mit Vorsatz in Bezug auf das Merkmal „Waffe".

---

[21] Schönke/Schröder-*Stree*, StGB, § 224 Rn. 12 m. w. N.

cc) Vorsatz hinsichtlich § 224 I Nr. 5 StGB

Der Inhalt des Vorsatzes bei § 224 I Nr. 5 StGB wird von Rechtsprechung und Literatur unterschiedlich bestimmt.

(1) Die Auffassung des Bundesgerichtshofs

Der BGH lässt als Vorsatz die **Kenntnis** derjenigen **Umstände** genügen, aus denen sich die allgemeine Gefährlichkeit der Tathandlung für das Leben des Opfers ergibt.[22] G war bekannt, dass Geschosse, die auf einen anderen Menschen abgefeuert werden, lebensgefährliche Verletzungen hervorrufen können. Er hat die die Gefährlichkeit seines Handelns begründenden Umstände daher gekannt. G hat somit vorsätzlich im Sinne der Rechtsprechung gehandelt.

(2) Die Gegenansicht im Schrifttum

In der Literatur wird über die vom BGH genannten Kriterien hinaus für die vorsätzliche Begehung des § 224 I Nr. 5 StGB gefordert, dass der Täter auch die **Bedeutung** seiner **Handlung reflektiert** hat, also die Gefährlichkeit seines Verhaltens für das Leben des Opfers im Rahmen einer **Parallelwertung in der Laiensphäre** erkannt und in Kauf genommen hat.[23] G hat die Eignung seiner Handlung zur Lebensgefährdung nicht erkannt. Er hat zwar die wesentlichen Umstände erkannt, aus denen sich das hohe Risiko seines Schusses ergab, doch hat er daraus nicht die richtigen Schlüsse gezogen und daher eine Gefährdung von K's Leben nicht in Kauf genommen. Vielmehr meinte er, aus seiner eigenen Lebenserfahrung auf objektiv fundierte Gründe für das Ausbleiben einer lebensgefährlichen Verletzung vertrauen zu können.

Er handelte daher nach dieser Auffassung ohne Vorsatz, § 16 I S. 1 StGB.

---

[22] *BGH*St 19, 352.
[23] *Wessels/Hettinger*, BT/1, Rn. 284 m. w. N.

(3) Streitentscheid

Die von der Rechtsprechung gewählte Bestimmung des Vorsatzes im Rahmen des § 224 I Nr. 5 StGB ist insofern zutreffend, als für normative Tatbestandsmerkmale nicht verlangt werden kann, dass der Täter die aus den Gesetzesbegriffen folgende rechtliche Wertung im Sinne einer präzisen juristischen Subsumtion vollzieht. Gleichwohl wird man aber mindestens verlangen müssen, dass der Täter den sozialen Sinngehalt seines Tuns in Bezug auf ein gesetzliches Tatbestandsmerkmal richtig erfasst hat, ihm also die Bedeutung seines Verhaltens und der sonstigen Umstände tatsächlich begreiflich waren. Anderenfalls wird ihm ein Delikt angelastet, dessen unrechtserhöhender Sinngehalt ihm nicht bewusst geworden ist, was einer unzulässigen Verkürzung der Anforderungen an den Gefährdungsvorsatz gleichkommt.[24] Mit der Umstandskenntnis sind schließlich lediglich die Voraussetzungen dafür geschaffen, das eigene Verhalten als lebensgefährlich zu erfassen; die Kenntnis der Umstände ist daher notwendige nicht aber hinreichende Bedingung für die subjektive Tatseite des § 224 I Nr. 5 StGB.

Nach alledem befand G sich in einem Irrtum über die tatsächliche Gefährlichkeit seines Schusses; der Vorsatz war daher gemäß § 16 I S. 1 StGB ausgeschlossen.[25]

2. Rechtswidrigkeit

Die Abgabe des Schusses müsste auch rechtswidrig gewesen sein. G könnte jedoch gerechtfertigt sein.

a) Notwehr, § 32 I, II, 1. Alt. StGB

G könnte durch Notwehr gerechtfertigt sein.

---

[24] LK^{10}-*Hirsch*, StGB, § 223a Rn. 23.
[25] Eine andere Auffassung ist gut vertretbar.

aa) Notwehrlage

(1) Angriff

Zunächst müsste ein Angriff vorgelegen haben.
Die Definition des Merkmals „Angriff" ist strittig.

(a) Die herrschende Meinung

Für die überwiegende Ansicht ist Angriff jede durch menschliches Verhalten drohende Verletzung rechtlich geschützter Güter oder Interessen.[26] Durch das Verhalten des K wurden das Hausrecht sowie das Eigentum des G an seinen Kirschen verletzt. Nach dieser Auffassung fand somit ein Angriff statt.

(b) Minderheitsauffassung

Manche Stimmen in der Literatur beschränken den Begriff des Angriffs hingegen auf die **bewusste Bedrohung** eines Rechtsguts **durch** einen **schuldfähigen Angreifer.** Begründet wird diese Einschränkung mit dem Rechtsgrund der Notwehr: Werden mit § 32 StGB nicht nur die eigenen Interessen, sondern auch die Rechtsordnung verteidigt, so muss umgekehrt das Verhalten des Angreifers auch geeignet sein, die Rechtsordnung überhaupt in Frage zu stellen. Dies kann Schuldunfähigen nicht unterstellt werden.[27] Demnach liegt kein Angriff durch den nach § 19 StGB schuldlos handelnden K vor.

(c) Streitentscheid

Die Minderheitsauffassung findet im Gesetz keine Stütze. § 32 II StGB verlangt nur ein rechtswidriges und gerade kein schuldhaftes Angreiferverhalten. Soll die Schuldhaftigkeit (entgegen jedem üblichen Sprachgebrauch) begriffliche Voraussetzung des Angriffs sein, müsste dies für die

---

[26] *Wessels/Beulke*, AT, Rn. 325.
[27] *Otto*, AT, § 8 Rn. 20; *Hoyer*, JuS 1988, S. 89 ff.

Rechtswidrigkeit des Angriffs erst recht gelten.[28] Hiervon ging der Gesetzgeber aber nach dem Wortlaut des § 32 II StGB offensichtlich nicht aus. Auch die materielle Begründung überzeugt nicht: Es sind durchaus Fälle denkbar, in denen es auch gegenüber Schuldlosen einer Bewährung der Rechtsordnung bedarf.[29] Auch das Verhalten schuldunfähiger Personen kann somit einen Angriff im Sinne des § 32 StGB darstellen.

(2) Gegenwärtigkeit des Angriffs

Gegenwärtig ist ein Angriff, der unmittelbar bevorsteht, begonnen hat oder noch fortdauert.[30] K befindet sich im Zeitpunkt seiner Verletzung noch auf dem Grundstück des G und verzehrt dabei ausdauernd dessen Kirschen. Sowohl der Angriff auf das Hausrecht als auch der Angriff auf sein Eigentum dauerten daher noch an und waren mithin gegenwärtig.

(3) Rechtswidrigkeit des gegenwärtigen Angriffs

Von der Rechtswidrigkeit des Angriffs ist auszugehen, wenn er im Widerspruch zur Rechtsordnung steht. Dabei ist umstritten, ob es für diesen Widerspruch allein auf den **Erfolgsunwert** der (drohenden) Verletzung ankommen muss oder auch auf einen **Handlungsunwert** auf Täterseite.[31] G braucht den Angriff des Jungen nicht zu dulden, auch handelte K sorgfaltspflichtwidrig. Nach beiden Ansichten bestand daher ein Widerspruch zur Rechtsordnung, so dass ein Streitentscheid dahinstehen kann. Der Angriff war rechtswidrig.

---

[28] *Roxin*, AT I, § 15 Rn. 10.
[29] *Wessels/Beulke*, AT, Rn. 327 mit anschaulichem Beispiel.
[30] *Joecks*, StGB, § 32 Rn. 8.
[31] Vgl. zum Streitstand *Kühl*, AT, § 7 Rn. 54 ff.; *Tröndle/Fischer*, StGB, § 32 Rn. 11.

bb) Notwehrhandlung

(1) Verteidigung

Das Verteidigungsverhalten der in Notwehr handelnden Person darf sich **nur gegen den Angreifer**, nicht aber gegen Rechtsgüter unbeteiligter Dritter richten.[32] Der Schuss verletzte nur Rechtsgüter des K; eine Verteidigungshandlung war daher gegeben.

(2) Erforderlichkeit

Erforderlich ist die Notwehr dann, wenn der Verteidiger das **mildeste**, also das **bei gleicher Eignung schonendste Abwehrmittel** wählt.[33]

Geeignet ist die Verteidigungshandlung dabei, wenn sie grundsätzlich tauglich zur endgültigen Abwehr des Angriffs oder wenigstens zu seiner Abschwächung ist.[34] Hier ist zu differenzieren: Mit seiner Verletzung und dem Sturz aus dem Baum war K nicht mehr in der Lage, weitere Kirschen zu essen. Der Schuss war daher zum Eigentumsschutz geeignet. Allerdings war K wegen der Schusswunde nicht dazu fähig, den Garten aus eigener Kraft zu verlassen, so dass diese Einwirkung keineswegs dafür geeignet war, die Verletzung des Hausrechts durch K zu beenden oder abzuschwächen. Somit war die Notwehrhandlung des G nur hinsichtlich der Verteidigung seines Eigentums geeignet.

Weiterhin ist im Rahmen der Erforderlichkeit der Verteidigungshandlung angesichts der Gefährlichkeit des Feuerwaffengebrauchs vom Verteidiger zu verlangen, dass er – sofern hierfür Zeit besteht – in einem gestuften Verfahren vorgeht. Vor der gezielten Schussabgabe ist der Waffengebrauch zunächst anzudrohen und ein Warnschuss abzugeben.[35] Diese Kriterien hat G hier eingehalten. Auch sonst war für G angesichts seiner Lähmung keine andere Mög-

---

[32] *Tröndle/Fischer*, StGB, § 32 Rn. 15.
[33] *Wessels/Beulke*, AT, Rn. 335.
[34] *Tröndle/Fischer*, StGB, § 32 Rn. 16.
[35] *Joecks*, StGB, § 32 Rn. 14.

lichkeit gegeben, den K vom weiteren Kirschenessen abzuhalten. Die Polizei, hätte G sie statt der Schussabgabe angerufen, wäre erst nach einiger Zeit zu diesem gelangt, was weitere Eigentumseinbußen für G bedeutet hätte. Die Herbeirufung obrigkeitlicher Hilfe wäre also nicht gleich wirksam gewesen. Der Schuss in den Arm des K war nach alledem erforderlich.

(3) Gebotenheit

Fraglich ist, ob die Verletzung des K auch eine gebotene Notwehrhandlung war. Grundsätzlich unterliegt das Notwehrrecht keinen Einschränkungen, insbesondere kommt es auf die Verhältnismäßigkeit zwischen Tatfolgen und verteidigtem Rechtsgut nicht an. Unter Bezugnahme auf den Wortlaut des § 32 I StGB („…geboten ist") werden verschiedene Fallgruppen diskutiert, bei deren Vorliegen das scharfe Notwehrrecht dennoch ausnahmsweise begrenzt sein soll („**sozialethische Einschränkungen der Notwehr**").[36]

(a) Angriffe von Kindern, Geisteskranken oder schuldlos Irrenden

Gegenüber Angriffen durch schuldlos handelnde Personen soll der Verteidiger zu einer gewissen Rücksichtnahme verpflichtet sein. Vor dem Einsatz der so genannten Trutzwehr ist ihm entgegen allgemeiner Grundsätze ein Ausweichen bzw. eine „Schutzwehr" zuzumuten. Auch kann ihm abverlangt werden, unter Hinnahme einer zeitlichen Verzögerung fremde Hilfe zur Abwehr des Angriffs in Anspruch zu nehmen, wenn eine stattdessen praktizierte Verteidigung mit erheblichen Verletzungen des Verteidigers verbunden wäre.[37] G war es nach diesen Kriterien zumutbar, auf das Erscheinen der Polizei zu warten, statt den K aus

---

[36] *Joecks*, StGB, § 32 Rn. 18. Nach einer abweichenden Ansicht erschließen sich die Einschränkungen des Notwehrrechts schon aus dem Begriff der „Erforderlichkeit", andere wiederum entnehmen die Fallgruppen dem Gedanken des Rechtsmissbrauchs, vgl. zum Meinungsstand *Roxin*, AT, § 15 Rn. 56. Unterschiede im Ergebnis bestehen dieser Diskussion wegen nicht.

[37] MüKo-*Erb*, StGB, § 32 Rn. 185.

dem Baum zu schießen. Selbst wenn man den G hier nicht zur vorrangigen Inanspruchnahme der Polizei verpflichtet sieht, bleibt zu beachten, dass gegenüber **Bagatellangriffen von Kindern** die Trutzwehr jedenfalls nicht zu ernsthaften Verletzungen führen darf.[38] Da der Wert der Kirschen und die Beeinträchtigungen des Hausrechts gegenüber der erlittenen Verletzung äußerst gering waren, war die Schussabgabe vollkommen unverhältnismäßig. Auch aus diesem Grund muss die Gebotenheit der Verteidigungshandlung hier daher ausscheiden.

(b) Krasses Missverhältnis

Unabhängig von dem Alter des K soll die Notwehr ganz allgemein dann nicht geboten sein, wenn die **Folgen** der Abwehr **in einem krassen Missverhältnis zum drohenden Schaden stehen**.[39] G hat dem K lebensgefährliche Verletzungen beigefügt, um Kirschen im Wert von einigen Cents zu retten. Das Ergebnis seiner Abwehr stand daher in einem unerträglichen Missverhältnis zu den G selbst drohenden Einbußen. Damit war die Notwehrhandlung des G auch dieser Fallgruppe zufolge nicht geboten.

Eine Rechtfertigung des G durch Notwehr gemäß § 32 I, II, 1. Alt. StGB scheidet mithin aus.

b) Festnahmerecht, § 127 I StPO

G könnte jedoch durch das Festnahmerecht aus § 127 I StPO gerechtfertigt sein.

aa) Auf frischer Tat betroffen

K müsste auf frischer Tat betroffen gewesen sein. Das ist der Fall, wenn der Täter bei Verwirklichung eines Straftatbestands oder unmittelbar danach am Tatort oder in dessen unmittelbarer Nähe gestellt wird.[40] G hat K noch im Kirsch-

---

[38] MüKo-*Erb*, StGB, § 32 Rn. 187.
[39] *Wessels/Beulke*, AT, Rn. 343.
[40] *Beulke*, StPO, Rn. 235.

baum bei der Verwirklichung des Unrechtstatbestands eines Diebstahls und eines Hausfriedensbruchs gestellt. Allerdings ist umstritten, ob auch Strafunmündige (wie der K) nach § 127 I StPO vorläufig festgenommen werden können.

(1) Keine vorläufige Festnahme von Kindern

Nach einer Meinung ist diese Frage zu verneinen. Zur Begründung wird angeführt, dass gegen nach § 19 StGB Schuldunfähige nur außerstrafrechtlich reagiert werden könne, Mittel der Strafverfolgung, zu denen auch § 127 StPO gehört, dürften daher nicht zur Anwendung kommen.[41] G kann sich demnach nicht auf § 127 I StPO berufen.

(2) Festnahme auch von Strafunmündigen zulässig

Nach der Gegenauffassung dürfen auch Kinder vorläufig festgenommen werden. Dies sei aus kriminalpolitischen Gründen wünschenswert, etwa, um die Identität des Kindes festzustellen, weitere, bisher unaufgeklärte Straftaten zu verfolgen, strafmündige Hintermänner der Tat ergreifen zu können oder um erzieherisch auf den Minderjährigen einzuwirken.[42] Nach dieser Ansicht ist § 127 I StPO daher auch auf die rechtswidrigen Taten des K anwendbar.

(3) Streitentscheid

Zwar ist der erstgenannten Auffassung zuzugeben, dass der regelmäßige Grund für eine Festnahme – die Ermöglichung einer späteren Verurteilung des Täters – für die Verwirklichung von Straftatbeständen durch Kinder hinfällig ist. Gleichwohl kann dies aber nicht bedeuten, dass Kinder bezüglich der Verbrechensaufklärung in einer Art Freiraum leben, in dem den Strafverfolgungsbehörden und im Falle von § 127 I StPO auch dem Bürger die Hände gebunden sind. Straftaten von Kindern sind nicht als Schicksalsschläge hinzunehmen, sondern bleiben Straftaten, die von den

---

[41] *Meyer-Goßner*, StPO, § 127 Rn. 3a m. w. N.
[42] *Tröndle/Fischer*, StGB, Vor § 32 Rn. 7; *Krause*, FS-Geerds, S. 489 ff.

Strafverfolgungsbehörden aufzuklären sind.[43] Wenn auch am Ende des Vorgangs keine Verurteilung stehen wird, so kann die Festnahme aus den bereits genannten Gründen durchaus sinnvoll erscheinen. Jedenfalls spricht die fehlende Aussicht auf einen Schuldspruch nicht zugleich zwingend gegen die Möglichkeit einer vorläufigen Festnahme, sofern sie aus anderen Gründen zweckmäßig ist. Es ist daher davon auszugehen, dass auch eine vorläufige Festnahme von Kindern grundsätzlich zulässig ist.

bb) Festnahmegrund

Es müsste Fluchtgefahr vorgelegen haben beziehungsweise die sofortige Identifizierung unmöglich gewesen sein. Letzteres ist zum Beispiel der Fall, wenn der Betroffene Angaben zur Person verweigert oder keine Möglichkeit besteht, etwaige Angaben nachzuprüfen.[44] Für G bestand diesseits der Festnahme keine Aussicht, die Identität des K festzustellen, zumal entsprechende Angaben von K nicht zu erwarten waren. Ein Festnahmegrund war somit gegeben.

cc) Festnahmehandlung

Es müsste eine zulässige Festnahmehandlung stattgefunden haben. Dies ist angesichts des von G gewählten Mittels zweifelhaft. Grundsätzlich ist die Anwendung von körperlicher Gewalt zur Festnahme zwar erlaubt, unterliegt aber anders als § 32 StGB dem Vorbehalt der Verhältnismäßigkeit. Unstrittig ist jedenfalls, dass das **gezielte Schießen auf eine andere Person bei Straftaten**, die **nicht** als **schwerwiegend** einzuordnen sind, unzulässig sein muss.[45] Da K nicht strafbar ist und das von ihm verwirklichte Unrecht ebenfalls als gering einzustufen ist, war der gezielte Schuss auf ihn kein von § 127 StPO gedecktes Festnahmemittel mehr. Eine Rechtfertigung des

---

[43] *Krause*, FS-Geerds, S. 489 (496).
[44] Löwe-Rosenberg-*Hilger*, StPO, § 127 Rn. 22.
[45] *Meyer-Goßner*, StPO, § 127 Rn. 15.

G aufgrund eines Festnahmerechts nach § 127 StPO ist daher nicht gegeben.

c) Selbsthilfe des Besitzers, § 859 II BGB

Allerdings könnte G durch das in § 859 II BGB geregelte Selbsthilferecht des Besitzers gerechtfertigt sein.

aa) Selbsthilfelage

G war zunächst unmittelbarer Besitzer der Kirschen. Dieser Besitz ist ihm durch K gegen seinen Willen entzogen worden. K handelte daher mit verbotener Eigenmacht im Sinne von § 858 I BGB und nahm mithin eine Wegnahme nach § 859 II BGB vor. Auch war K auf frischer Tat betroffen (s. o.). Eine Selbsthilfelage war damit gegeben.

bb) Selbsthilfehandlung

G hat K durch den Schuss diejenigen Kirschen wieder abnehmen können, die sich schon in der Hand des Jungen, aber noch nicht in dessen Mund befanden. Diese Handlung ist von § 859 II BGB gedeckt, wobei nach dem insoweit eindeutigen Wortlaut auch die Gewaltanwendung grundsätzlich zulässig ist. Fraglich ist hingegen, ob auch eine derart intensive Einwirkung, wie G sie vorgenommen hat, im Rahmen dieser Vorschrift noch erlaubt sein kann. Zwar muss wie bei § 32 StGB oder § 227 BGB eine Abwägung grundsätzlich nicht stattfinden, gleichwohl sind **deutlich disproportionale Maßnahmen** – etwa das Zufügen lebensgefährlicher Verletzungen zum Schutz von Bagatellwerten – auch im Rahmen des § 859 II BGB nicht zulässig.[46]

Daher ist auch eine Rechtfertigung des G nach § 859 II BGB nicht gegeben[47].

---

[46] Strittig; wie hier Soergel-*Stadler*, BGB, § 859 Rn. 6 m. w. N.; *Krey*, JZ 1979, 702 ff.

[47] Zu weiteren Rechtfertigungsgründen aus dem BGB vgl. ausführlich Fall 7.

d) Rechtfertigender Notstand, § 34 I S. 1 StGB

Schließlich könnte G gemäß § 34 I S. 1 gerechtfertigt sein.

> **Achtung:** § 34 StGB ist von den Rechtfertigungsgründen stets als letzter zu prüfen, denn vor seiner Schaffung im Jahr 1975 waren seine Wertungen Gegenstand des sogenannten „übergesetzlichen rechtfertigenden Notstandes", welcher seit RGSt 61, 242 anerkannt war. Vor wie nach 1975 konnte und kann es zur Konkretisierung der Verhältnismäßigkeitsprüfung erforderlich sein, die Wertungen anderer, enger gefasster Rechtfertigungsgründe mit einzubeziehen.[48] Deshalb sind diese vorrangig zu untersuchen.

aa) Notstandslage

(1) Gefahr

Ein Rechtsgut ist in Gefahr, wenn seine Verletzung so droht, dass der Eintritt eines Schadens wahrscheinlich ist.[49] Hier ist es schon zur Verletzung der bereits genannten Rechtsgüter gekommen; eine Gefahr hat damit bestanden.

(2) Gegenwärtige Gefahr

Unter einer gegenwärtigen Gefahr ist ein Zustand zu verstehen, dessen Weiterentwicklung den Eintritt oder die Intensivierung eines Schadens ernstlich befürchten lässt, sofern nicht alsbald Abwehrmaßnahmen getroffen werden.[50] Ohne den Schuss des G wäre es zu einer Intensivierung der Eigentumsverletzungen gekommen. Die Gefahr war daher auch gegenwärtig.

---

[48] So übrigens auch in diesem Fall (s. u.)!
[49] *Joecks*, StGB, § 34 Rn. 13.
[50] *Wessels/Beulke*, AT, Rn. 303.

bb) Notstandshandlung

(1) Nicht anders abwendbare Gefahr

Die Erforderlichkeit der Notstandshandlung ist grundsätzlich wie bei der Notwehr zu bestimmen. Allerdings ist der Handelnde im Gegensatz zu § 32 StGB aufgefordert, von den **Möglichkeiten des Ausweichens** oder der **Einschaltung Dritter** Gebrauch zu machen.[51] Grund hierfür ist, dass im Rahmen des Notstands auch unbeteiligten Dritten ein „Sonderopfer" für die Allgemeinheit aufgenötigt werden kann, so dass der Notstandsausübende (auch bei gleichzeitigem Vorliegen einer Notwehrlage![52]) zur Rücksichtnahme angehalten ist. G hatte jedoch außer der Schussabgabe keine Möglichkeiten zur Gefahrbeseitigung, auch die Herbeiholung der Polizei hätte einen relevanten Zeitverlust mit sich gebracht. Der Schuss war daher **erforderlich** im Sinne des § 34 StGB.

(2) Interessenabwägung

Bei der im Rahmen des § 34 StGB gebotenen Güterabwägung müsste das geschützte Interesse des G das beeinträchtigte Interesse des K **wesentlich überwiegen**. Dabei ist gemäß § 34 StGB insbesondere auf die Wertigkeit der betroffenen **Rechtsgüter** und auf den **Grad der** ihnen **drohenden Gefahren** abzustellen. Hier stehen sich die Rechtsgüter „Eigentum" und „Hausfrieden" einerseits und die Rechtsgüter „Leben" und „körperliche Unversehrtheit" andererseits gegenüber. Dabei wird deutlich, dass die abstrakte Wertigkeit der bei K betroffenen Rechtsgüter deutlich größer ist als dies für die Rechtsgüter des G der Fall ist. Dies zeigt bereits ein Vergleich der Strafrahmen der §§ 242, 123 StGB einerseits und der §§ 212, 223 StGB andererseits. Auch war der Grad der G drohenden Gefahren nicht höher als für den K, da es auf beiden Seiten zu tatsächlichen Rechtsgutsverletzungen kam; darüber hinaus

---

[51] *Tröndle/Fischer*, StGB, § 34 Rn. 5.
[52] MüKo-*Erb*, StGB, § 34 Rn. 92.

für K auch noch zu einer konkreten Lebensgefährdung. Von einem wesentlichen Überwiegen von G's Interessen kann demnach keine Rede sein.

Hat der von der Notstandshandlung **Betroffene** die **Gefahr** aber **selbst herbeigeführt**, wird in Analogie zur Wertung in § 228 BGB von manchen befürwortet, es genügen zu lassen, dass der angerichtete Schaden gegenüber dem abgewendeten nicht unverhältnismäßig groß ist.[53]

Hier hat K die Gefahr selbst verursacht, da ein rechtswidriger Angriff von ihm ausging (s. o.). Angesichts des Verlusts einiger Kirschen und der vorübergehenden Störung des Hausrechts im Außenbereich von G's Grundstück ist die Beinahe-Tötung des K allerdings als unverhältnismäßig großer Schaden zu werten. Auch diese Modifizierung der Voraussetzungen des § 34 StGB für eigenverschuldete Notstandslagen greift hier daher nicht zu Gunsten des G ein. Nach alledem fällt die Interessenabwägung nicht zu Gunsten des G aus. § 34 I S. 1 StGB scheidet als Rechtfertigungsgrund gleichfalls aus.

3. Schuld

G handelte auch schuldhaft. Insbesondere sind keine Anhaltspunkte für einen Verbotsirrtum nach § 17 StGB gegeben.

4. Ergebnis

G ist strafbar wegen gefährlicher Körperverletzung gemäß §§ 223 I, 224 I Nr. 2 StGB.

C. Endergebnis

K ist straflos.

G ist strafbar wegen gefährlicher Körperverletzung gemäß §§ 223 I, 224 I Nr. 2 StGB.

---

[53] *Joecks*, StGB, § 34 Rn. 27.

Vertiefungshinweise

- *Lernbeitrag zu den sozialethischen Einschränkungen der Notwehr: Fahl*, JA 2000, 460 ff.

- *Übungsfall zur Gebotenheit der Notwehr bei schuldlos Handelnden: Kunz*, JuS 1996, 39 (41)

- *Der Diebstahl nach dem 6. StrRG: Jäger*, JuS 2000, 651 ff.

- *Zu den „typischen" Problemen des Hausfriedensbruchs: Geppert*, Jura 1989, 378 ff.

Fall 6: „Sammler und Jäger"[1]

▶ **Standort:** Strafrecht AT, Rechtswidrigkeit (Notwehr), Schuld (Notwehrexzess)

A ist Jäger und soll bei seinen Jagdausflügen darauf achten, dass Spaziergänger ihre Hunde angeleint halten und nicht mutwillig die angelegten Felder betreten beziehungsweise zerstören. Eine Tages verbirgt sich A in einer Buschgruppe, um mit einer mit zwei Patronen geladenen Schrotflinte Wild zu jagen. Dabei beobachtet er, wie der ihm körperlich überlegene M mit einem nicht angeleinten Cockerspaniel quer über einen frisch eingesäten Acker läuft und auf dem angrenzenden Petersilienfeld einige Halme Petersilie pflückt.

A tritt mit zu Boden gesenkter Waffe aus seiner Deckung hervor und erklärt in belehrendem Ton, es müsse doch wohl nicht sein, über diesen Acker zu gehen; die Petersilie sei für die künftige Ernte bestimmt. M erwidert gereizt, daß es seine Sache sei, was er tue. A antwortet, das sehe er anders und wolle M das ´mal erklären. M geht daraufhin mit angewinkelten Armen und geballten Fäusten auf den A zu und sagt, er werde ihm austreiben, „mit dem Gewehr herumzulaufen und fremde Leute zu belästigen". A befürchtet, von M angegriffen zu werden, tritt einige Schritte zurück und sagt, man solle ohne Ärger auseinandergehen. M erwidert, er lasse sich keine Anweisungen geben und geht weiter auf A zu. Dieser weicht erneut zurück, entsichert sein Gewehr und erklärt, er werde schießen, wenn M näher komme. M geht trotzdem weiter auf den zurückweichenden A los und sagt: „Was willst Du, auf Leute schießen?!" Um ihn einzuschüchtern, schießt A auf den Boden. „Jetzt werde ich es Dir zeigen!" sagt M und geht weiter auf A zu. Dieser weicht 30 m rückwärts zurück und fordert den ihm nachsetzenden M mehrfach scharf auf, stehen zu bleiben, andernfalls werde er schießen.

---

[1] Fall nach *BGH* NStZ 1989, 474.

M ruft seinem Hund zu: „Fass ihn!" Er droht, dem A das Gewehr wegzunehmen und sagt: „Ich hab´ Dich gleich!" Daraufhin schießt A in wilder Panik aus ein bis zwei Meter Entfernung auf M´s linken Schulter- bzw. Brustbereich. M stirbt noch am Tatort an inneren Verblutungen.

Strafbarkeit des A gemäß § 212 StGB?

Strafbarkeit des A gemäß § 212 I StGB
1. Tatbestand
    a) Objektiver Tatbestand
    b) Subjektiver Tatbestand
2. Rechtswidrigkeit
    a) Notwehr, § 32 StGB
    b) Zwischenergebnis
3. Schuld: (P) Notwehrexzess, § 33 StGB
    a) Notwehrlage
    b) Überschreitung des Notwehrrechts
    c) Motivation
    d) Verteidigungswille
    e) Zwischenergebnis
4. Ergebnis

Strafbarkeit des A gemäß § 212 I StGB

A könnte sich durch die Abgabe des Schusses auf M wegen Totschlags gemäß § 212 I StGB strafbar gemacht haben.

1. Tatbestand

a) Objektiver Tatbestand

aa) Erfolg

Der tatbestandliche Erfolg im Sinne des § 212 StGB ist der Tod eines (anderen) Menschen. Mit M´s Tod ist dieser tatbestandsmäßige Erfolg des Totschlagtatbestandes eingetreten.

bb) Handlung

Es müsste eine Handlung des A vorliegen. Unter Handlung ist nach der überwiegenden Ansicht jedes willensgetragene und sozialerhebliche Verhalten eines Menschen zu verstehen.[2] A löste den Schuss, der den M traf, willentlich aus. Eine strafrechtlich relevante Handlung liegt somit vor.

cc) Kausalität

A´s Handlung müsste kausal für den eingetretenen Erfolg sein. Nach der grundlegenden Äquivalenzformel (auch Conditio-sine-qua-non-Formel) ist jedes Verhalten kausal, das nicht hinweggedacht werden kann, ohne dass der Erfolg in seiner konkreten Gestalt entfiele.[3] Denkt man A´s Schuss hinweg, so entfiele auch die tödliche Verletzung des M. Das Verhalten des A ist also kausal für den Tod des M.

Der objektive Tatbestand wurde somit durch A verwirklicht.

> **Hinweis**: Wenn der objektive Tatbestand – insbesondere wie hier beim Totschlag – unproblematisch erfüllt ist, sollte gerade bei umfangreicheren Fallbearbeitungen auf die Kausalität oder gar die objektive Zurechnung nicht näher eingegangen werden. Nur so bleibt dem Bearbeiter genügend Zeit für die Probleme des Falles. – Hier wurde zu Übungszwecken der ausführliche Gutachtenstil gewählt.

b) Subjektiver Tatbestand

A müsste mit Vorsatz gehandelt haben. Vorsatz ist der Wille zur Verwirklichung eines Tatbestandes in Kenntnis seiner konkreten Tatumstände.[4] M´s Tod hat A sicherlich nicht beabsichtigt, so dass Absicht beziehungsweise dolus directus 1. Grades nicht vorliegt. Von einem sicheren Wissen um die tödlichen Folgen seines Handelns kann wohl auch nicht ausgegangen werden. Somit scheidet direkter Vorsatz (dolus directus 2. Grades) ebenfalls aus. A könnte aber mit Eventualvorsatz gehandelt haben.[5] Dafür müsste er

---

[2] *Joecks*, StGB, Vor § 13 Rn. 14 ff.; *Wessels/Beulke*, AT, Rn. 93.
[3] *Wessels/Beulke*, AT, Rn. 156 ff.
[4] *Wessels/Beulke*, AT, Rn. 203.
[5] Vergleiche ausführlich zum Eventualvorsatz und zur Abgrenzung zur bewussten Fahrlässigkeit Fall 2.

nach überwiegender Ansicht die Möglichkeit des Erfolgs-
eintritts ernsthaft in Betracht gezogen und sich damit abgefunden haben; den Tod des M müsste er also billigend in
Kauf genommen haben.[6]

> **Hinweis**: Der in Fall 2 ausführlich erörterte Streit um die
> Voraussetzungen des dolus eventualis ist nicht stets anzu-
> bringen, wenn im Rahmen des subjektiven Tatbestandes
> Eventualvorsatz zu prüfen ist. Ausreichend ist insoweit eine
> knappe Definition, die die wesentlichen Merkmale der
> überwiegenden Ansicht enthält. Dies gilt insbesondere,
> wenn der Sachverhalt – und dies ist der Regelfall – zur
> inneren Tatseite wenige beziehungsweise gar keine An-
> gaben enthält.

Die mögliche tödliche Wirkung seines Schusses hat A
erkannt. Hinsichtlich der voluntativen Seite ist auf die
besondere Gefährlichkeit des Verhaltens als Indiz für eine
entsprechende Billigung abzustellen. So schoss A aus
geringer Entfernung mit einer Schrotflinte auf den Oberkörper eines Menschen. Dabei hat A nicht mehr auf ein
Ausbleiben des Erfolges vertraut. Das bloße Hoffen reicht
insoweit nicht aus. Selbst unter Berücksichtigung der
höheren Hemmschwelle beim Tötungsvorsatz[7] kann bei A
Eventualvorsatz im Hinblick auf die Tötung des M bejaht
werden.

Der Tatbestand des § 212 I StGB ist erfüllt.

2. Rechtswidrigkeit

Zugunsten des A könnte ein Rechtfertigungsgrund eingreifen. Hier kommt ein Handeln in Notwehr gemäß § 32
StGB in Betracht.

---

[6] Vgl. *Kühl*, AT, § 5 Rn. 85.
[7] Vgl. zu diesem vor allem in der Rechtsprechung herangezogenen Kriterium
Tröndle/Fischer, StGB, § 15 Rn. 10b.

a) Notwehr

Dieser Rechtfertigungsgrund setzt zunächst eine Notwehrlage voraus.

aa) Notwehrlage

Eine notwehrfähige Situation liegt vor, wenn der Täter einem gegenwärtigen, rechtswidrigen Angriff ausgesetzt ist.

(1) Angriff

Ein **Angriff** ist jede unmittelbare Bedrohung rechtlich geschützter Güter durch menschliches Verhalten.[8] Hier könnte dem A zumindest eine Beeinträchtigung seiner Gesundheit gedroht haben. So hetzte M seinen Hund auf A, so dass infolge dessen mit Bisswunden oder ähnlichen Verletzungen zu rechnen war. Grundsätzlich liegt zwar bei einem Angriff durch ein Tier kein Angriff im Sinne des § 32 StGB vor, da dieser nur menschliche Angriffe erfasst. Eine Ausnahme wird jedoch für den Fall gemacht, dass sich ein Mensch des Tieres als Werkzeug bedient.[9] Maßgeblich ist dann das hinter dem Tier stehende menschliche Verhalten, so dass ein notwehrfähiger Angriff vorliegt. Zudem lässt M´s aggressives Auftreten befürchten, dass dieser auch selbst den A traktieren wird. Schließlich droht M mit der Wegnahme des Gewehres; insoweit ist A´s Eigentum – ebenfalls ein notwehrfähiges Rechtsgut – bedroht. Ein Angriff seitens des M liegt daher vor.

(2) Gegenwärtigkeit des Angriffs

Der Angriff müsste **gegenwärtig** ist. Dies ist der Fall, wenn der Angriff unmittelbar bevorsteht, begonnen hat oder noch fortdauert.[10]

---

[8]   *Kühl*, AT, § 7 Rn. 23 ff.
[9]   *Tröndle/Fischer*, StGB, § 32 Rn. 5.
[10] *Wessels/Beulke*, AT, Rn. 328.

M geht immer weiter auf A zu; seinem Hund hat er bereits befohlen, den A zu beißen. Ein Angriff steht unmittelbar bevor. Die Gegenwärtigkeit ist daher zu bejahen.

(3) Rechtswidrigkeit des Angriffs

Ferner müsste der Angriff **rechtswidrig** sein. Der Angriff müsste also den Bewertungsnormen des Rechts objektiv zuwiderlaufen.[11] Dies scheidet aus, wenn M´s Handeln gerechtfertigt ist.

> **Tipp**: Im Rahmen der Prüfung der Rechtswidrigkeit des Angriffs kann es mitunter zu einer sehr verschachtelten Prüfung kommen. Insoweit empfiehlt es sich – soweit möglich – das Verhalten des Angegriffenen eigenständig zuvor zu prüfen. Dies scheidet hier jedoch aus, da nur nach der Strafbarkeit des A gefragt wird und M zudem verstorben ist.

Fraglich ist, ob Rechtfertigungsgründe zugunsten des M eingreifen. In Betracht kommt wiederum das Notwehrrecht gemäß § 32 StGB.

Dann müsste ein gegenwärtiger, rechtswidriger Angriff des A vorliegen (siehe oben).[12] A hat vor M auf den Boden geschossen und diesen zuvor angewiesen, den Acker zu verlassen. Zu Letzterem war A allerdings ausdrücklich befugt. Der Schuss kann wiederum unter dem Gedanken des Notwehrrechts als gerechtfertigt angesehen werden: so ging M bedrohlich auf A zu, nachdem dieser ihn berechtigterweise ermahnt hatte. Im Ergebnis lässt sich festhalten, dass in A´s Verhalten kein rechtswidriger Angriff auf Rechtsgüter des M gesehen werden kann. M kann sich gegenüber A nicht auf Notwehr berufen, so dass sein Angriff rechtswidrig war.

Eine Notwehrlage liegt also vor.

---

[11] *Wessels/Beulke*, AT, Rn. 331.
[12] Falls Tatbestandsmerkmale im Gutachten bereits definiert worden sind, so ist die erneute Angabe einer Definition entbehrlich.

bb) Notwehrhandlung

Der auf M abgegebene Schuss müsste **erforderlich** und **geboten** gewesen sein.

Fraglich ist hier die Erforderlichkeit. Darunter ist der Einsatz des relativ mildesten Mittels zu verstehen, das heißt, es darf dem Täter zur Verteidigung kein gleich geeignetes, aber die Rechtsgüter des Angreifers weniger beeinträchtigendes Mittel zu Verfügung stehen.[13] Die Verteidigung ist geeignet, wenn durch sie der Angriff sofort beendet oder zumindest abgeschwächt werden kann. Es ist zu beachten, dass sich der Notwehrübende nicht auf unsichere Verteidigungsalternativen verweisen lassen und damit kein Risiko eingehen muss.[14]

> **Merke**: Bei der Notwehr findet keine Prüfung der Verhältnismäßigkeit der Verteidigungshandlung statt; dies gilt grundsätzlich auch für das Merkmal der Gebotenheit. In Ausnahmefällen wird die Gebotenheit der Verteidigungshandlung verneint, wenn nämlich zwischen dem angegriffenen Rechtsgut des Notwehrübenden und dem beeinträchtigten Rechtsgut des Angreifers ein sogenanntes „krasses Missverhältnis" besteht. [15]

Insbesondere aber beim Einsatz von Schusswaffen sind an die Erforderlichkeit strenge Anforderungen zu stellen: so wird zunächst vom Täter die Androhung des Waffengebrauchs und die Abgabe eines Warnschusses verlangt – maßgeblich ist jeweils aber die „konkrete Kampflage".[16]

A hat zwar zunächst in den Boden geschossen, um M einzuschüchtern. Aber dennoch kann der Schuss aus geringer Entfernung auf M´s Oberkörper wohl nicht als erforderlich angesehen werden. Dies gilt insbesondere bei der Ver-

---

[13]   *Kühl*, AT, § 7 Rn. 87 ff.
[14]   *Kühl*, AT, § 7 Rn. 103.
[15]   *Tröndle/Fischer*, StGB, § 32 Rn. 16. – Zum Merkmal der Gebotenheit vgl. ausführlich Fall 5.
[16]   Vgl. *Tröndle/Fischer*, StGB, § 32 Rn. 16d.

wendung einer Schrotflinte. Es hätte ebenfalls ausgereicht, wenn A auf die Beine gezielt hätte – zumal M selbst über keine Schusswaffe verfügte. Durch eine solche Verletzung hätte A die Kampfunfähigkeit des M herbeiführen und den Angriff genauso gut beenden können; diese Verteidigung wäre mit keinem Risiko für ihn verbunden gewesen. Die Verteidigungshandlung des A war also nicht erforderlich.

Tipp: Gerade bei der Notwehr ist der Sachverhalt gründlich auszuwerten[17] und unter die einschlägigen Tatbestandsmerkmale zu subsumieren. Eine bloße Nennung der Definitionen reicht für eine gelungene Bearbeitung nicht aus!

b) Zwischenergebnis

A ist nicht gemäß § 32 StGB gerechtfertigt. Weitere Rechtfertigungsgründe sind nicht ersichtlich. A handelte somit rechtswidrig.

3. Schuld

Zugunsten des A könnten Entschuldigungsgründe beziehungsweise Schuldausschließungsgründe eingreifen.[18] A könnte sich bei der Abgabe des Schusses auf M in einem Notwehrexzess gemäß § 33 StGB befunden haben. Diese Norm enthält nach ganz herrschender Meinung einen Entschuldigungsgrund.[19]

a) Notwehrlage

§ 33 StGB setzt grundsätzlich zunächst eine bestehende Notwehrlage voraus (vergleiche insoweit den Wortlaut „die

---

[17] *Kühl*, AT, § 7 Rn. 92 empfiehlt insoweit die „lebensnahe" Auslegung.

[18] Zum Unterschied: Bei den Schuldausschließungsgründen fehlt es bereits an einer Schuldvoraussetzung (zum Beispiel Schuldunfähigkeit, § 19 StGB, unvermeidbarer Verbotsirrtum, § 17 S. 1 StGB), wohingegen bei den Entschuldigungsgründen der Unrechts- und Schuldgehalt unter die Grenze der Strafwürdigkeit sinkt (zum Beispiel entschuldigender Notstand gemäß § 35 StGB).

[19] Schönke/Schröder-*Lenckner/Perron*, StGB, § 33 Rn. 2; *Tröndle/Fischer*, StGB, § 33 Rn. 3.

Grenzen der *Notwehr*").[20] Ein gegenwärtiger und rechtswidriger Angriff seitens des M liegt vor (siehe oben).

> **Hinweis**: Dagegen findet nach wohl überwiegender Ansicht **§ 33 StGB keine Anwendung**, wenn eine Notwehrlage nur in der Vorstellung des Täters besteht und er in vermeintlicher Notwehr die Grenzen der Verteidigung überschreitet (**Putativnotwehrexzess**).[21] Diese Konstellation beurteilt sich allein nach den allgemeinen Irrtumsregeln.[22]

b) Überschreitung des Notwehrrechts

A müsste mit seinem Verhalten die Grenzen des Notwehrrechts überschritten haben. Darunter fällt unstrittig die Konstellation, dass der Täter mehr unternimmt, als eigentlich erforderlich wäre. Dies ist der so genannte **intensive Notwehrexzess**.

Hier gibt A einen Schuss auf den Oberkörper ab, obwohl ein Schuss in M´s Bein ausgereicht hätte (siehe oben). Er überschreitet somit die Grenze der Erforderlichkeit.

> **Hinweis**: In diesem Zusammenhang ist die – hier nicht vorliegende – Situation der Überschreitung der zeitlichen Notwehrgrenzen zu erwähnen. Es ist umstritten, ob auch bei einem nicht gegenwärtigen Angriff ein den Täter entschuldigender (**extensiver**) Notwehrexzess vorliegen kann.[23] Die wohl überwiegende Ansicht verneint dies. Zum Teil wird auch nur der so genannte nachzeitige extensive Notwehrexzess – der Angriff ist bereits abgeschlossen – in den Anwendungsbereich des § 33 StGB einbezogen.[24]

---

[20] *Joecks*, StGB, § 33 Rn. 1.
[21] *Wessels/Beulke*, AT, Rn. 448.
[22] *Kühl*, AT, § 12 Rn. 155 ff.; *Wessels/Beulke*, AT, Rn. 448, 485. So liegt ein Erlaubnistatbestandsirrtum nur dann vor, wenn der Täter – unterstellt man seine Vorstellung als wahr – gerechtfertigt wäre (vergleiche dazu ausführlich Fall 9). Dagegen liegt ein nach § 17 StGB zu beurteilender Erlaubnisirrtum vor, wenn der Täter irrig annimmt, er hätte so handeln dürfen; dann handelt es sich nämlich um einen Irrtum über die rechtlichen Grenzen des tatsächlich nicht gegebenen Notwehrrechts.
[23] Vgl. zum Meinungsstand *Hillenkamp*, 32 Probleme AT, 12. Problem, S. 72 ff.
[24] So *Wessels/Beulke*, AT, Rn. 447.

c) Motivation

Der Täter ist nur dann entschuldigt, wenn die Überschreitung des Notwehrrechts auf eine bestimmte Motivation zurückzuführen ist: entsprechend dem Gesetzeswortlaut muss der Täter aus „Verwirrung, Furcht oder Schrecken" (so genannte **asthenische Affekte**) gehandelt haben.

A schießt in „wilder Panik" auf den M. Aufgrund dessen Näherkommen und Bedrohung ist A verängstigt; er handelte also gerade nicht aus Rache oder Zorn. Eine entsprechende Motivation, wie sie § 33 StGB verlangt, ist bei A somit zu bejahen.

> **Hinweis**: Ein Notwehrexzess wird nicht dadurch ausgeschlossen, dass das Notwehrrecht **bewusst** überschritten wird.[25] Dies lässt sich mit der außergewöhnlichen Motivationslage des Angegriffenen erklären; zudem spricht hierfür auch der Wortlaut der Norm.[26]

d) Verteidigungswille

Nach ganz überwiegender Ansicht muss der Täter mit **Verteidigungswillen** handeln. Hierfür ist ausreichend, dass ihm die bestehende Notwehrlage bekannt ist.[27]

> **Hinweis**: Auch bei den Rechtfertigungsgründen wird ein so genanntes subjektives Rechtfertigungselement verlangt, das heißt, der Täter muss in Kenntnis der rechtfertigenden Lage handeln und zugleich durch sie motiviert worden sein.[28] Umstritten sind die Rechtsfolgen bei Fehlen eines subjektiven Rechtfertigungselements: nach einer Ansicht ist der Täter nicht gerechtfertigt, also einer vollendeten Tat schuldig, nach anderer Ansicht soll nur ein Versuch in Betracht

---

[25] *Tröndle/Fischer*, StGB, § 33 Rn. 8.
[26] *Roxin*, AT I, § 22 Rn. 82.
[27] *Kühl*, AT, § 12 Rn. 149a.
[28] *Wessels/Beulke*, AT, Rn. 275.

kommen (Argument: der Erfolgsunwert der Tat wird durch die vorliegende Rechtfertigungslage kompensiert).[29] Diese Konstellation stellt sich als umgekehrter Erlaubnistatbestandsirrtum dar, bei dem der Täter irrig einen rechtfertigenden Sachverhalt, zum Beispiel eine Notwehrlage, annimmt.[30]

A handelte hier in Kenntnis des Angriffes des M und daher mit Verteidigungswillen.

e) Zwischenergebnis

Die Voraussetzungen des § 33 StGB liegen vor, so dass A entschuldigt ist. Eine besondere Fallgestaltung, die einer Entschuldigung des A entgegenstünde (zum Beispiel eine krasse Überschreitung der Notwehrgrenzen oder eine schuldhafte Provokation der Notwehrlage[31]), liegt hier nicht vor. Ein schuldhaftes Handeln ist daher zu verneinen.

4. Ergebnis

A ist nicht strafbar gemäß § 212 I StGB.

Vertiefungshinweise

- *Fallbearbeitung zu § 33 StGB: Haft/Eisele*, Jura 2000, 313 ff.; *Frisch/Murmann*, JuS 1999, 1196 ff.

- *Rechtsprechung zur Erforderlichkeit bei der Notwehr:* BGH NStZ 1987, 172; BGHSt 42, 97

---

[29] Vergleiche dazu ausführlich Fall 10.
[30] Vgl. dazu ausführlich Fall 9.
[31] Vgl. hierzu *Kühl*, AT, § 12 Rn. 150 ff.

Fall 7: „Der gefährliche Strauß"[1]

▸ **Standort:** Strafrecht AT, Rechtfertigungsgründe aus dem BGB

Joggerin J absolviert unter der Sonne Australiens ihren morgendlichen Lauf. Als sie das nicht eingezäunte Gelände einer Straußenfarm durchquert, sieht sie einen Strauß auf sich zukommen. Dieser gibt dabei ein aggressives Grunzen von sich. Da J von Übergriffen von Straußen auf Menschen in letzter Zeit gehört hat, läuft sie auf einen in der Nähe befindlichen Schuppen zu, um sich dort vor dem näher kommenden Strauß in Sicherheit zu bringen. Sie versucht vergeblich, die von innen verriegelte Tür zu öffnen. Sie besinnt sich ihrer Kraft und tritt die Glasscheibe in der Tür ein, um diese anschließend zu öffnen. Inzwischen hat der Strauß sie erreicht und schnappt nach J. Da diese neben ihrem Lauf- auch Krafttraining absolviert, nimmt sie ihren Mut zusammen und greift mit beiden Händen den Hals des Straußes und dreht ihm denselben um. Farmer F kommt herbei und meint, die J habe sich gleich zweimal der Sachbeschädigung schuldig gemacht.

J fragt erschrocken nach ihrer Strafbarkeit (nach dem deutschen StGB). Was antworten Sie ihr?

---

[1]   Fall nach einer Meldung der F.A.Z. vom 21.01.2003, S. 9.

I. Strafbarkeit gemäß § 303 I StGB (zerbrochene Scheibe)
1. Tatbestand
    a) Objektiver Tatbestand: Beschädigung einer fremden Sache
    b) Subjektiver Tatbestand
2. Rechtswidrigkeit
    a) Notwehr, § 32 StGB
    b) Notstand, § 904 S. 1 BGB
    c) Ergebnis

II. Strafbarkeit gemäß § 303 I StGB (getöteter Strauß)
1. Tatbestand
    a) Objektiver Tatbestand: Beschädigung einer fremden Sache
    b) Subjektiver Tatbestand
2. Rechtswidrigkeit
    a) Notwehr: (P) Tier als Angreifer
    b) Notstand, § 228 S. 1 BGB
3. Ergebnis

I. Strafbarkeit der J gemäß § 303 I StGB (bezüglich der zerbrochenen Scheibe)

J könnte sich durch das Zertreten der Glasscheibe wegen Sachbeschädigung gemäß § 303 I StGB strafbar gemacht haben.

1. Tatbestand

a) Objektiver Tatbestand

aa) Tatobjekt

Bei der Tür – ein körperlicher Gegenstand – müsste es sich um eine für J fremde Sache handeln. Fremd ist jeder Gegenstand, der nicht im Alleineigentum des Täters steht und nicht herrenlos ist.[2] Da J nicht Eigentümerin der Farm ist, steht auch der Schuppen nicht in ihrem (Allein-) Eigentum. Auch ist der Schuppen nicht herrenlos. Die Sache ist folglich fremd für sie. Ein taugliches Tatobjekt liegt somit vor.

---

[2] *Tröndle/Fischer*, StGB, § 242 Rn. 5 ff.

> **Merke:** Nach anderer möglicher Definition dieses Tatbestandsmerkmals ist jeder Gegenstand fremd, der zumindest im Miteigentum eines anderen steht.[3]

bb) Tathandlung

J müsste die Sache beschädigt oder zerstört haben. Beschädigung ist jede nicht unerhebliche Substanzverletzung, durch welche die bestimmungsgemäße Brauchbarkeit einer Sache beeinträchtigt wird.[4] Durch J´s Handlung ist die Scheibe zerbrochen. Aufgrund dieser Substanzverletzung ist die Brauchbarkeit, nämlich die Schutzfunktion, der Scheibe beziehungsweise der Tür beeinträchtigt. J hat die Tür also beschädigt.

Eine Zerstörung, also die völlige Aufhebung der Gebrauchsfähigkeit einer Sache[5], liegt hier nicht vor. Dies wäre erst anzunehmen, wenn J die Tür völlig eingetreten hätte.

Der objektive Tatbestand ist somit erfüllt.

a) Subjektiver Tatbestand

J müsste vorsätzlich hinsichtlich der objektiven Tatumstände gehandelt haben. Vorsatz ist der Wille zur Verwirklichung eines Tatbestands in Kenntnis seiner konkreten Merkmale.[6] J wusste nicht nur sicher um die Beschädigung der Tür als Folge ihres Trittes, sondern sie wollte es auch, um in den Schuppen zu gelangen. Sie handelte somit vorsätzlich.
J hat den Tatbestand des § 303 I StGB verwirklicht.

2. Rechtswidrigkeit

J´s Handeln ist möglicherweise durch einen Rechtfertigungsgrund gedeckt.

---

[3] *Joecks*, StGB, § 303 Rn. 5.
[4] *Tröndle/Fischer*, StGB, § 303 Rn. 6.
[5] *Tröndle/Fischer*, StGB, § 303 Rn. 14.
[6] *Wessels/Beulke*, AT, Rn. 203.

a) Notwehr

J könnte in Notwehr gehandelt haben. Dies setzt zunächst im Rahmen einer Notwehrlage einen **Angriff** voraus. Darunter ist jede unmittelbare Bedrohung rechtlich geschützter Güter durch menschliches Verhalten zu verstehen.[7] Unabhängig von der Frage, ob ein menschlicher oder tierischer Angriff vorliegt (dazu sogleich unter II.), scheidet Notwehr aus, weil sich das Abwehrverhalten nicht gegen den Angreifer selbst, sondern gegen eine „unbeteiligte" Sache richtet. J ist somit nicht gemäß § 32 StGB gerechtfertigt.

b) Notstand

aa) Abgrenzung der Notstandsnormen

Die J könnte sich in einem Notstand gemäß § 34 StGB befunden haben. Doch hier ist zunächst an die zivilrechtlichen Notstände der §§ 228, 904 BGB zu denken.

> **Merke:** Rechtfertigungsgründe können sich nicht nur aus dem StGB ergeben, sondern auch aus anderen Gesetzen. Vorrangige Bedeutung haben insoweit das Festnahmerecht nach § 127 I StPO und weitere Rechtfertigungsgründe aus dem BGB, vergleiche dort die §§ 229, 859. Auf die zivilrechtliche Notwehr, die insoweit die gleichen Voraussetzungen wie § 32 StGB hat, ist im strafrechtlichen Gutachten nicht einzugehen. Die Anwendbarkeit dieser nicht im StGB geregelten Rechtfertigungsgründe ergibt sich aus dem Gedanken der Einheit der Rechtsordnung.[8]
>
> Insbesondere bei der klausurrelevanten Sachbeschädigung ist im Rahmen der Rechtswidrigkeit stets an die vorrangigen zivilrechtlichen Notstände zu denken!

---

[7] *Wessels/Beulke*, AT, Rn. 325.
[8] Vgl. *Roxin*, AT I, § 14 Rn. 31 f.

§§ 228, 904 BGB sind grundsätzlich anwendbar, wenn eine Sache beschädigt oder zerstört wird. Die Abgrenzung richtet sich danach, ob von der beschädigten Sache selbst eine Gefahr ausgeht. Greift der Täter auf eine unbeteiligte Sache zu und beschädigt sie dabei, so bestimmt sich eine mögliche Rechtfertigung nach **§ 904 BGB (Aggressivnotstand)**. Verteidigt er sich gegen eine von der Sache selbst ausgehende Gefahr (zum Beispiel der tollwütige Hund), so ist **§ 228 BGB (Defensivnotstand)** einschlägig.

Hier geht von der Tür freilich keine Gefahr aus, so dass sich eine Rechtfertigung nur aus § 904 BGB ergeben kann. Grundgedanke dieser Regelung ist, dass aus Gründen der Solidarität vom Eigentümer einer Sache deren Beeinträchtigung hinzunehmen ist, wenn dadurch eine Gefahr abgewendet werden kann.[9]

bb) Voraussetzungen des § 904 S. 1 BGB

(1) Gefahr

Im Rahmen der Notstandslage müsste eine **gegenwärtige Gefahr** vorgelegen haben. Darunter ist – wie bei dem gleichen Tatbestandsmerkmal in § 34 StGB – jeder Zustand zu verstehen, dessen Weiterentwicklung den Eintritt oder die Intensivierung eines Schadens ernstlich befürchten läßt.[10] Der Strauß kommt immer näher auf J zu; auch ist aufgrund der äußeren Umstände mit einem Angriff des Tieres auf J zu rechnen. Der J droht in kürzester Zeit eine Gesundheitsverletzung. Eine gegenwärtige Gefahr und damit eine Notstandslage liegt vor.

Merke: Die gegenwärtige Gefahr beim Notstand ist umfassender als der Bereich des gegenwärtigen Angriffs im Rahmen der Notwehr. Dies ist mit den weitreichenden Befugnissen des Notwehrübenden zu erklären; dieser ist keiner Güterabwägung unterworfen.

---

[9] *Wessels/Beulke*, AT, Rn. 295.
[10] *Wessels/Beulke*, AT, Rn. 303.

Auch eine sogenannte **Dauergefahr** stellt eine Gefahr im Sinne des § 34 StGB dar. Dies ist ein gefahrdrohender Zustand, der jederzeit in eine Rechtsgutsbeeinträchtigung umschlagen kann (zum Beispiel ein baufälliges Gebäude).[11]

(2) Erforderlichkeit

Die Notstandshandlung muss **erforderlich** sein. Dies ist der Fall, wenn sie zur Gefahrabwendung geeignet ist und das relativ mildeste Mittel darstellt. Im Unterschied zum „schneidigen" Notwehrrecht hat der im Notstand handelnde Täter aber eine mögliche Ausweichmöglichkeit wahrzunehmen oder obrigkeitliche Hilfe in Anspruch zu nehmen.[12]

Durch die Beschädigung der Glasscheibe besteht für J die Möglichkeit, in die Hütte zu gelangen und dort Schutz vor dem angriffslustigen Strauß zu finden. Eine Flucht erscheint angesichts der Schnelligkeit des Tieres wenig aussichtsreich. Weitere Alternativen sind nicht ersichtlich.

Hinweis: Bei der Erforderlichkeit ist ggf. der Sachverhalt genau auszuwerten: 1) Bestehen alternative Abwehr- / Rettungsmöglichkeiten? 2) Falls ja, sind diese gleich geeignet, aber milder als das vom Täter gewählte Verhalten?

(3) Verhältnismäßigkeit

Schließlich ist eine Überlegung zur Verhältnismäßigkeit anzustellen: der drohende Schaden beim Notstandsübenden muss unverhältnismäßig groß gegenüber demjenigen Schaden sein, der dem Eigentümer aufgrund der Beschädigung der Sache entsteht.

Hier ist J´s Gesundheit betroffen. Demgegenüber erleidet F einen reinen Vermögensschaden.[13] Gefahren für Leben und Gesundheit wiegen in der Regel schwerer als ein bloßer

---

[11] Vgl. *Kühl*, AT, § 8 Rn. 65.
[12] *Wessels/Beulke*, AT, Rn. 308.
[13] Zur Berücksichtigung des so genannten. Affektionsinteresses, also der Empfindungen des Tierliebhabers, vgl. Palandt-*Heinrichs*, BGB, § 228 Rn. 8.

Sachschaden.[14] Dies ist auch hier der Fall, zumal es nur um einen geringen Sachschaden geht.

Die Voraussetzungen des rechtfertigenden Notstandes gemäß § 904 S. 1 BGB liegen vor. J handelte somit nicht rechtswidrig.

3. Ergebnis

Im Hinblick auf die beschädigte Tür hat sich J nicht strafbar gemacht.

Hinweis: Wenn J die Tür noch rechtzeitig hätte öffnen und die Hütte betreten können, wäre noch an eine Strafbarkeit nach § 123 StGB zu denken gewesen. Aber auch insoweit wäre J gerechtfertigt gewesen; als Rechtfertigungsgrund wäre dann aber § 34 StGB zu prüfen gewesen, denn es geht gerade nicht mehr um die Beschädigung einer Sache.[15] Im Rahmen der beim rechtfertigenden Notstand durchzuführenden Interessenabwägung hätte die drohende Gesundheitsverletzung das beeinträchtigte Hausrecht des F überwogen.

II. Strafbarkeit der J gemäß § 303 I StGB (bezüglich des getöteten Straußes)

J könnte sich durch das Erwürgen des Straußes gemäß § 303 I StGB strafbar gemacht haben.

1. Tatbestand

a) Objektiver Tatbestand

aa) Tatobjekt

Fraglich ist, ob es sich bei dem Strauß um eine Sache handelt. Nach § 90 BGB sind dies körperliche Gegenstände

---

[14] Palandt-*Bassenge*, BGB, § 904 Rn. 3; *Roxin*, AT I, § 16 Rn. 108.
[15] § 904 S. 1 BGB könnte nur dann angewendet werden, wenn die Norm auch Beeinträchtigungen eines über das Eigentum hinausgreifenden Rechtsguts decken würde, vgl. dazu *Roxin*, AT I, § 16 Rn. 109.

und § 90a S. 1 BGB bestimmt gerade, dass Tiere keine Sachen sind.

Allerdings soll die letztgenannte Vorschrift nach ganz überwiegender Meinung nichts am strafrechtlichen Schutz von Tieren durch die §§ 242, 303 StGB ändern.[16] So bestimmt auch § 90a S. 3 BGB die entsprechende Anwendung der für Sachen geltenden Vorschriften auf Tiere. Dies kann nicht als Verstoß gegen das Analogieverbot gemäß Art. 103 II GG angesehen werden. Zudem ist von einem eigenen strafrechtlichen Sachbegriff auszugehen.[17]

> **Merke**: Das Analogieverbot besteht nur bei Regelungen zu Lasten des Täters! Da hier nicht auf § 90a S. 3 BGB zurückgegriffen werden muss, liegt bereits keine Analogie vor.

Der Strauß gehörte zur Farm des F, so dass er – bei sachverhaltsnaher Auslegung – in dessen Eigentum stand. Der Strauß war daher für J fremd.

> **Merke**: Ein Tier ist nicht bereits dann herrenlos, wenn es seinem Besitzer entlaufen ist. Beim Fangen oder Erlegen herrenloser, wilder Tiere ist aber an eine Strafbarkeit wegen Wilderei gemäß § 292 StGB zu denken.

Ein taugliches Tatobjekt liegt vor.

bb) Tathandlung

Hier kommt eine Zerstörung in Betracht. J hat den Strauß nicht nur verletzt, sondern getötet. Sie hat somit den objektiven Tatbestand des § 303 I StGB erfüllt.

---

[16] *Graul*, JuS 2000, 215 ff.; *Tröndle/Fischer*, § 242 Rn. 3, § 303 Rn. 2. Vgl. Palandt-*Heinrichs*, BGB, § 90a Rn. 1: „Im Ergebnis ist § 90a eine gefühlige Deklamation ohne wirklichen rechtlichen Inhalt."

[17] *Graul*, JuS 2000, 215 (217 f.); *Tröndle/Fischer*, StGB, § 242 Rn. 3.

b) Subjektiver Tatbestand

J müsste im Hinblick auf die objektiven Tatumstände vorsätzlich gehandelt haben. Ihr kam es darauf an, den Strauß angriffsunfähig zu machen. Ob sie daher zielgerichtet, das heißt absichtlich, hinsichtlich der Tötung des Straußes handelte, ist fraglich. Zumindest wusste sie aber, dass ein längeres Würgen des Straußes zu dessen Tod führen wird. Somit handelte sie wissentlich beziehungsweise mit dolus directus 2. Grades.

> **Tipp**: Wenn ein Tatbestandsmerkmal bereits einmal im Gutachten definiert wurde, bedarf es keiner Wiederholung der Definition; es kann gegebenenfalls nach oben verwiesen werden.

Der Tatbestand einer Sachbeschädigung liegt vor.

2. Rechtswidrigkeit

Fraglich ist, ob zugunsten der J Rechtfertigungsgründe eingreifen.

a) Notwehr

J könnte in Notwehr gehandelt haben, indem sie den angreifenden Strauß erwürgte. Voraussetzung einer Notwehrlage ist zunächst das Vorliegen eines Angriffes. Hier wird J jedoch durch ein Tier und keinen Menschen bedroht.

aa) Tier als Angreifer im Sinne des § 32 StGB

Nach einer vereinzelt gebliebenen Ansicht vermag auch der Angriff eines Tieres eine Notwehrlage zu begründen.[18] Es sei nicht einzusehen, dass der in seinen Rechtsgütern Angegriffene Tieren gegenüber ein schwächeres Abwehrrecht – nämlich nur ein solches gemäß § 228 BGB – habe als gegenüber Menschen. Danach läge ein Angriff im Sinne des § 32 StGB seitens des Straußes vor.

---

[18] LK-*Spendel*, StGB, § 32 Rn. 38 ff.

bb) Angriff nur bei menschlichem Verhalten

Nach ganz überwiegender Meinung stellt das bedrohende Verhalten eines Tieres allein keinen notwehrfähigen Angriff dar.[19] Eine Ausnahme sei jedoch dann zu machen, wenn sich der Angriff zugleich als der eines Menschen darstellt – beispielsweise wenn das Tier von einem Menschen als Werkzeug eingesetzt wird (zum Beispiel der abgerichtete Hund wird von seinem Herrn auf eine andere Person gehetzt).[20] Für einen solchen Sachverhalt gibt es hier jedoch keine Anhaltspunkte. Somit scheidet nach dieser Ansicht ein notwehrfähiger Angriff durch den Strauß aus.

cc) Stellungnahme

Es kann zwar nicht bestritten werden, dass durch ein Tier ein Angriff im natürlichen Sinne erfolgen kann. Aber das Verhalten eines Tieres kann nicht als rechtswidrig qualifiziert werden. Dies ist jedoch Voraussetzung für eine Notwehrlage. Auch rechtfertigt sich ein solches Ergebnis mit den Grundgedanken der Notwehr, nämlich dem Individualschutz und der Rechtsbewährung.[21] Denn nur Menschen kommen als Adressaten von Rechtsnormen in Betracht, nur ihnen gegenüber muss das Recht bewährt werden. § 228 BGB ist zudem als lex specialis für die Abwehr einer von einem Tier bzw. einer Sache ausgehenden Gefahr anzusehen.

J ist daher nicht gemäß § 32 StGB gerechtfertigt.

Merke: Die beiden Grundgedanken der Notwehr sind nach wohl überwiegender Ansicht der Individualschutz und die Rechtsbewährung. Diese Prinzipien können beziehungsweise *müssen* insbesondere bei der Auslegung einzelner Merkmale der Notwehr herangezogen werden.

---

[19] *Joecks*, StGB, § 32 Rn. 6; *Kühl*, AT, § 7 Rn. 26; Schönke/Schröder-*Lenckner/Perron*, StGB, § 32 Rn. 3.
[20] *Joecks*, StGB, § 32 Rn. 6.
[21] Ausführlich dazu *Roxin*, AT I, § 15 Rn. 1 ff.

b) Notstand

Da es hier um die Beeinträchtigung einer Sache geht, ist wiederum zunächst an die zivilrechtlichen Notstände zu denken.

J zerstört die Sache, von der die Attacke ausgeht. Einschlägig ist somit **§ 228 BGB (Defensivnostand)**.

aa) Voraussetzungen des § 228 S. 1 BGB

(1) Gefahr

Zunächst müsste eine von der beschädigten oder zerstörten **Sache selbst ausgehende, gegenwärtige Gefahr** vorliegen. Insoweit deckt sich der Gefahrbegriff mit demjenigen in § 34 StGB / § 904 S. 1 BGB (siehe oben). Durch den Strauß droht der J eine Beeinträchtigung ihrer Gesundheit; angesichts des auf J zurennenden Straußes steht diese auch unmittelbar bevor. Die gegenwärtige Gefahr für J geht somit vom Strauß selbst aus.

(2) Erforderlichkeit

Die Notstandshandlung – hier das Erwürgen des Straußes – müsste **erforderlich** sein. Zur Erforderlichkeit kann auf die obigen Ausführungen verwiesen werden. Ein weniger einschneidendes Abwehrverhalten seitens der J ist nicht ersichtlich. J´s Handlung war somit erforderlich.

(3) „Nicht außer Verhältnis"

Schließlich dürfte der Schaden **nicht außer Verhältnis** zu der Gefahr stehen. Hier zeigt sich gerade die unterschiedliche Wertung gegenüber § 904 S. 1 BGB. Während dort ein Überwiegen erforderlich ist, genügt bei § 228 S. 1 BGB lediglich, dass die Abwehr nicht maßlos ist. Dieser Wertungsunterschied erklärt sich damit, dass beim Defensivnotstand gerade nicht auf eine unbeteiligte Sache eingewirkt wird, sondern sich der Notstandsübende gegen die gefährliche Sache selbst zur Wehr setzt. Daher sind die

Interessen des Eigentümers an der Erhaltung der Sache geringer als die Schutzinteressen des von der Sache Bedrohten anzusehen.

Leben und Gesundheit sind insoweit grundsätzlich höherwertiger als Sachgüter. Dies gilt insbesondere, wenn es nicht nur um geringfügige Beeinträchtigungen der körperlichen Integrität geht. Der angerichtete Schaden – ein toter Strauß – steht hier somit nicht außer Verhältnis zu dem der J drohenden Schaden (zum Beispiel Bisswunden).

bb) Zwischenergebnis

J kann sich daher auf einen Defensivnotstand gemäß § 228 S. 1 BGB berufen. Sie handelte nicht rechtswidrig.

3. Ergebnis

J hat sich nicht gemäß § 303 I StGB strafbar gemacht.

III. Gesamtergebnis

J hat sich nicht strafbar gemacht.

Vertiefungshinweise

- *Zu den zivilrechtlichen Notständen*: *Roxin*, AT I, § 16 Rn.107–112.

- *Fallbearbeitung*: *Joerden*, JuS 1996, 622 ff.; *Keunecke/Witt*, JA 1994, 470 ff.

- *Rechtsprechung*: *BGH*St 14, 152 (Hund als gefährliches Werkzeug im Sinne des § 224 StGB)

Fall 8: „Der Jagdhüttentyrann"

▶ **Standort:** Strafrecht AT, Notwehr, Notstand

M hat seine Ehefrau F in der Vergangenheit schon häufig schwer geschlagen und gedemütigt. F hatte daraufhin mehrfach versucht, staatliche Hilfe in Anspruch zu nehmen. Dies blieb im Ergebnis jedoch ohne dauerhaften Erfolg.

Als M und F einen Kurzurlaub in der abgelegenen Jagdhütte des M verbringen, gerät M an einem Nachmittag aus nichtigem Anlass in Wut über seine Ehefrau. F erkennt zutreffend, dass sich der Zorn des M im Laufe der nächsten Stunden noch steigern und dass er sie in der Nacht oder auch früher misshandeln und zusammenschlagen wird. Dabei fürchtet sie zu Recht insbesondere um ihre Fähigkeit, Kinder austragen zu können, weil M ihr bei seinen Wutausbrüchen immer wieder mit Schuhen in den Unterleib tritt.

Eine Flucht kommt für F nicht in Betracht, da M den Autoschlüssel in der Tasche hat und F in der Wildnis zu Fuß verhungern würde, bevor sie eine menschliche Siedlung erreicht. Auch ist es F in dieser Situation nicht möglich, Hilfe von der Polizei oder von Dritten zu erlangen. Schließlich könnte F dem M nie so nahe kommen, um ihn niederzuschlagen.

Da F somit keinen anderen Ausweg mehr sieht, den Misshandlungen durch M zu entgehen, erschießt sie ihn mit dessen Jagdgewehr, obgleich M sie nicht unmittelbar bedroht.

Strafbarkeit der F nach § 212 I StGB?

> **Strafbarkeit gem. § 212 I StGB**
> 1. Tatbestand
>   a) Objektiver Tatbestand: Erfolg – Handlung – Kausalität
>   b) Subjektiver Tatbestand: Vorsatz
> 2. Rechtswidrigkeit
>   a) Notwehr gem. § 32 StGB
>   Notwehrlage: Es fehlt an der Gegenwärtigkeit des Angriffs
>   b) Rechtfertigender Notstand gem. § 34 StGB: Notstandslage –
>   Notstandshandlung: Die Interessenabwägung fällt negativ aus
> 3. Schuld
>   a) Notwehrexzess gem. § 33 StGB: Es fehlt an einer Notwehrlage
>   b) Entschuldigender Notstand gem. § 35 StGB: Notstandslage –
>   Notstandshandlung – § 35 I 2 StGB – Rettungswille
> 4. Ergebnis

Strafbarkeit gem. § 212 I StGB

F könnte sich dadurch, dass sie M mit dem Jagdgewehr erschoss, wegen Totschlags gem. § 212 I StGB strafbar gemacht haben.

1. Tatbestand

a) Objektiver Tatbestand

aa) Erfolg

Es müsste der tatbestandliche Erfolg des § 212 I StGB, der Tod eines anderen Menschen, eingetreten sein. Mit M ist ein anderer Mensch gestorben. Somit ist der tatbestandliche Erfolg des § 212 I StGB gegeben.

bb) Handlung

Zudem müsste eine Handlung der F vorliegen. Handlung im Sinne des Strafrechts ist jedes vom menschlichen Willen beherrschte oder beherrschbare aktive Tun oder Unterlassen.[1] Der Schuss der F auf M stellte ein aktives Tun dar, welches F auch mit ihrem Willen beherrschte. Damit lag eine Handlung im Sinne des Strafrechts vor.

---

[1] *Joecks*, StGB, Vor § 13 Rn. 16.

cc) Kausalität

Weiterhin müsste die Handlung der F kausal für den Tod des M gewesen sein. Kausal im Sinne der Conditio-sine-qua-non-Formel ist jede Bedingung eines Erfolges, die nicht hinweggedacht werden kann, ohne dass der Erfolg in seiner konkreten Gestalt entfiele.[2] Der Schuss der F auf M kann nicht hinweggedacht werden, ohne dass der Tod des M entfiele. Damit ist F´s Handlung kausal für den Tod des M.

> **Hinweis:** Eine so ausführliche Prüfung des objektiven Tatbestandes wird auch von Anfängern nicht immer verlangt. Insbesondere muss die Handlung, wenn sie offensichtlich gegeben ist, nicht unbedingt geprüft werden. Sie ist hier der Vollständigkeit halber erwähnt.
>
> Eine kürzere Prüfung des objektiven Tatbestandes könnte folgendermaßen aussehen: F müsste einen anderen Menschen getötet haben. Mit M ist ein anderer Mensch gestorben. Die Handlung der F kann nicht hinweggedacht werden, ohne dass der Tod des M entfiele. Damit ist F´s Handlung kausal im Sinne der Conditio-sine-qua-non-Formel für den Tod des M.

b) Subjektiver Tatbestand

F müsste vorsätzlich gehandelt haben. **Vorsatz** ist der Wille zur Verwirklichung eines Straftatbestandes in Kenntnis aller seiner objektiven Tatumstände.[3] Hier könnte F den Tod des M absichtlich herbeigeführt haben. Dann müsste es ihr auf diesen Erfolg gerade angekommen sein.[4] F wollte M durch den Schuss töten und sie wusste auch, dass der Schuss den Tod des M verursachen würde. F handelte demnach vorsätzlich in Form des dolus directus 1. Grades.

---

[2]   *RGSt* 1, 373; *BGHSt* 1, 332; 45, 270 (294 f.).
[3]   *Wessels/Beulke,* AT, Rn. 203.
[4]   Vgl. *Lackner/Kühl,* StGB, § 15 Rn. 20.

2. Rechtswidrigkeit

F müsste weiterhin rechtswidrig gehandelt haben.

a) Notwehr gem. § 32 I, II, 1. Alt. StGB

F könnte in **Notwehr** gehandelt haben und daher gem. § 32 StGB gerechtfertigt sein.

Notwehrlage

Dann müsste sich F zunächst in einer **Notwehrlage** befunden haben. Dies setzt einen gegenwärtigen rechtswidrigen Angriff voraus.

(1) Angriff

Ein **Angriff** ist jede durch menschliches Verhalten drohende Verletzung rechtlich geschützter Interessen.[5] Die körperliche Unversehrtheit der F wurde durch das Verhalten des M bedroht. Ein Angriff lag somit vor.

(2) Gegenwärtigkeit des Angriffs

Ein Angriff ist **gegenwärtig,** wenn er unmittelbar bevorsteht, gerade stattfindet oder noch andauert.[6] Der Angriff steht unmittelbar bevor, bei einem Verhalten des Angreifers, das unmittelbar in die eigentliche Verletzungshandlung umzuschlagen droht.[7] Es war voraussehbar, dass sich die Wut des M innerhalb der nächsten Stunden steigern würde. Mit einer Misshandlung war in der Nacht oder früher zu rechnen. Damit stand der Angriff auf F noch nicht unmittelbar bevor. Es fehlt daher an einem gegenwärtigen Angriff.[8]

---

[5] *Gropp,* AT, § 6 Rn. 68; *Wessels/Beulke,* AT, Rn. 325.
[6] *Gropp,* AT, § 6 Rn. 77; *Wessels/Beulke,* AT, Rn. 328.
[7] Schönke/Schröder-*Lenckner/Perron,* StGB, § 32 Rn. 14.
[8] Vgl. auch *BGH,* JZ 2004, 44 (45); *Hillenkamp,* JZ 2004, 48 (50); *Ders.,* Miyazawa-FS, 141 (152).

Teilweise wird in der Literatur erwogen, in Fällen, in denen bei einem Zuwarten eine erhebliche Verschlechterung der Verteidigungsmöglichkeiten droht, eine Präventivverteidigung aufgrund **notwehrähnlicher Lage** analog § 32 StGB zuzulassen.[9] Eine solche Erweiterung des Notwehrrechts ist jedoch mit der überwiegenden Meinung abzulehnen.[10] Da der Betroffene in derartigen Fällen gerade noch nicht unmittelbar bedroht ist, kann nur ein subsidiäres Notrecht, wie insbesondere § 34 StGB, in Betracht kommen.[11] Durch die Anerkennung einer Präventivnotwehr würde man den Vorrang staatlicher Hilfe missachten und die in § 34 StGB für die Gefahrenabwehr festgelegte Voraussetzung der Güterabwägung umgehen.[12] Auch eine analoge Anwendung des § 32 StGB kommt daher nicht in Betracht.

Somit befand sich F nicht in einer Notwehrlage. Ihr Verhalten ist nicht gem. § 32 StGB gerechtfertigt.[13]

b) Rechtfertigender Notstand gem. § 34 StGB

Allerdings könnte F gem. § 34 StGB aufgrund eines **rechtfertigenden Notstands** gerechtfertigt sein.

aa) Notstandslage

Dafür müsste zunächst eine **Notstandslage** bestanden haben, also eine gegenwärtige Gefahr für ein notstandsfähiges Rechtsgut.

(1) Notstandsfähiges Rechtsgut

Notstandsfähig im Rahmen von § 34 StGB sind **Rechtsgüter** des Einzelnen und der Allgemeinheit, soweit sie in der konkreten Situation schutzbedürftig und schutz-

---

[9] *Suppert*, Studien zur Notwehr und „notwehrähnlichen Lage", S. 356ff.; *Jakobs*, AT, Absch. 12 Rn. 27.

[10] *Wessels/Beulke*, AT, Rn. 329; *Stratenwerth/Kuhlen*, AT, § 9 Rn. 66; *Lackner/Kühl*, StGB, § 32 Rn. 4; *Roxin*, AT I, § 15 Rn. 27.

[11] *Stratenwerth/Kuhlen*, AT, § 9 Rn. 66.

[12] *Hillenkamp*, Miyazawa-FS, 141 (153 f.); MK-*Erb*, StGB, § 32 Rn. 97.

[13] Vgl. ausführlich zur Notwehr Fall 5.

114

würdig sind.[14] Die körperliche Unversehrtheit der F ist schutzwürdig und auch schutzbedürftig, also notstandsfähig im Rahmen von § 34 StGB.

(2) Gefahr

Unter einer **Gefahr** versteht man die auf festgestellte, tatsächliche Umstände gegründete, über die allgemeinen Lebensrisiken hinausgehende Wahrscheinlichkeit eines schädigenden Ereignisses.[15] Es war zu erwarten, dass M bei ungehindertem Fortgang der Dinge F körperlich misshandeln würde. Damit war der Eintritt eines Schadens am Rechtsgut der körperlichen Unversehrtheit der F wahrscheinlich. Eine Gefahr bestand somit.

(3) Gegenwärtigkeit der Gefahr

Gegenwärtig ist die Gefahr dann, wenn sie alsbald oder in allernächster Zeit in einen Schaden umschlagen kann.[16] Da auch die alsbald eintretende Beschädigung des Erhaltungsguts eine gegenwärtige Gefahr darstellen kann, ist auch die Beseitigung einer sog. **Dauergefahr** aus § 34 StGB zu rechtfertigen.[17] Darunter versteht man einen länger andauernden gefahrdrohenden Zustand, der jederzeit in einen Schaden umschlagen kann, ohne aber die Möglichkeit auszuschließen, dass der Eintritt des Schadens noch eine Zeitlang auf sich warten lässt. Gegenwärtig ist eine solche Dauergefahr, wenn sie so dringend ist, dass sie nur durch unverzügliches Handeln wirksam abgewendet werden kann.[18] Hier war zu erwarten, dass sich die Wut des M in den nächsten Stunden steigern würde und dass er in der Nacht oder auch früher auf F losgehen würde. Demnach war

---

[14] *Wessels/Beulke,* AT, Rn. 300.
[15] *Gropp,* AT, § 6 Rn. 118.
[16] Schönke/Schröder-*Lenker/Perron,* StGB, § 34 Rn.17.
[17] *Wessels/Beulke,* AT, Rn. 306; *Stratenwerth/Kuhlen,* AT, § 9 Rn. 102; Schönke/Schröder-*Lenckner/Perron,* StGB, § 34 Rn. 17; zur Dauergefahr in § 35 StGB *BGH,* JZ 2004, 44 (46); *Hillenkamp,* JZ 2004, 48 (51).
[18] *Wessels/Beulke,* AT, Rn. 306; *BGH,* JZ 2004, 44 (46); zur Gegenwärtigkeit der Gefahr bei sog. Familientyrannen *Hillenkamp,* Miyazawa-FS, 141 (154).

mit dem Schadenseintritt aber nicht jederzeit, sondern erst nach einem gewissen Zeitablauf zu rechnen. Um eine Dauergefahr im engeren Sinne handelt es sich somit vorliegend nicht. Allerdings soll § 34 StGB darüber hinaus auch dann Anwendung finden, wenn der Eintritt des Schadens zwar erst in Zukunft zu erwarten ist, aber feststeht, dass er **nur durch ein sofortiges Handeln sicher abgewendet** werden kann.[19] Ein weiteres Zuwarten hätte die Verteidigungsmöglichkeiten der F erheblich eingeschränkt. Sie konnte der drohenden Gefahr nur durch unverzügliches Handeln sicher entgegenwirken. Die Gefahr war somit gegenwärtig.

F befand sich in einer Notstandslage.

bb) Notstandshandlung

F müsste zudem eine **Notstandshandlung** vollzogen haben, als sie M erschoss. Ihre Handlung müsste dafür objektiv erforderlich und verhältnismäßig gewesen sein.

(1) Erforderlichkeit

Die Notstandshandlung ist **erforderlich**, wenn sie geeignet ist, die Gefahr abzuwenden und unter mehreren gleich geeigneten Mitteln das mildeste darstellt.[20]

Geeignet ist jede Maßnahme, die eine Rettungschance für das bedrohte Rechtsgut bietet.[21] Der Schuss der F auf M hat die Gefahr für ihre körperliche Unversehrtheit endgültig und erfolgreich abgewehrt. Daher war diese Maßnahme geeignet.

Zudem dürften F **keine** gleich geeigneten, aber **milderen Abwehrmittel** zur Verfügung gestanden haben. Im Rahmen von § 34 StGB ist ein Ausweichen oder die Inanspruchnahme staatlicher Hilfe ohne weiteres vorrangig, da in

---

[19] Schönke/Schröder-*Lenckner/Perron*, StGB, § 34 Rn. 17.
[20] Schönke/Schröder-*Lencker/Perron*, StGB, § 34 Rn. 18.
[21] *Baumann/Weber/Mitsch*, AT, § 17 Rn. 61.

Rechtsgüter Unbeteiligter eingegriffen wird.[22] F konnte weder fliehen noch den M niederschlagen oder ein anderes geeignetes Mittel anwenden, um zu verhindern, dass M sie misshandeln würde. Aufgrund der besonderen Umstände stand ihr nur diese eine Abwehrmöglichkeit zur Verfügung. Damit war ihre Handlung auch das relativ mildeste Mittel zur Gefahrenabwehr.

Die Notstandshandlung war somit erforderlich.

> **Merke:** Sollte sich der Fall nicht gerade auf einer abgeschnittenen Berghütte abspielen, wären als mögliche alternative Abwehrmittel etwa behördliche Hilfe, Hilfe durch karitative Einrichtungen, Übersiedlung in ein Frauenhaus oder eine Strafanzeige zu bedenken.[23]

(2) Interessenabwägung

Schließlich muss sich bei einer umfassenden **Interessenabwägung** herausstellen, dass das geschützte Interesse das beeinträchtigte wesentlich überwiegt. Dabei ist gem. § 34 StGB insbesondere auf die Wertigkeit der betroffenen Rechtsgüter und auf den Grad der ihnen drohenden Gefahren abzustellen. Hier ist das geschützte Interesse die körperliche Unversehrtheit der F, das beeinträchtigte das Leben des M. Abstrakt betrachtet besitzt das Leben eine höhere Wertigkeit als die körperliche Unversehrtheit. Zudem kann die Tötung eines anderen in Notstandslagen grundsätzlich nicht gerechtfertigt, sondern höchstens entschuldigt sein.[24] Es gilt der **Grundsatz der Unabwägbarkeit menschlichen Lebens**: Das Leben ist der Pflicht zur solidarischen Aufopferung für andere grundsätzlich entzogen und kann daher als Eingriffsgut von keinem anderen Interesse überwogen werden.[25] Danach könnte die körper-

---

[22] Vgl. *Wessels/Beulke,* AT, Rn. 308.

[23] *BGH,* JZ 2004, 44 (46 f.); *Hillenkamp,* Miyazawa-FS, 141 (155); *Rotsch,* JuS 2005, 12 (16).

[24] *Wessels/Beulke,* AT, Rn. 316; Schönke/Schröder-*Lenckner/Perron,* StGB, § 34 Rn. 23.

[25] MK-*Erb,* StGB, § 34 Rn. 114; SK-*Günther,* StGB, § 34 Rn. 43.

liche Unversehrtheit der F das Leben des M nicht wesentlich überwiegen.

Allerdings werden für Fälle des **Defensivnotstandes** in engen Grenzen **Ausnahmen von dem Grundsatz der Unabwägbarkeit menschlichen Lebens** erwogen.[26] Wenn sich die Notstandshandlung nicht gegen einen Unbeteiligten, sondern gegen denjenigen richtet, in dessen Sphäre die Gefahr entstanden ist, sind qualitativ und quantitativ schärfere Eingriffe zulässig.[27] Die Grenzen dessen, was durch die Notstandshandlung auf die menschliche Gefahrenquelle abgewälzt werden darf, sollen hier stets[28], oder zumindest in notwehrähnlichen Lagen[29], in **Anlehnung an § 228 BGB**[30] zu bestimmen sein: Der dem Eingriffsopfer durch die Notstandshandlung zugefügte Schaden darf lediglich **nicht außer Verhältnis** zu der Beeinträchtigung stehen, die dem Notstandstäter vom Eingriffsopfer droht.

Hier verursachte M die Gefahr selbst, da er drohte, die körperliche Unversehrtheit der F zu verletzen. Das Vorliegen einer Notwehrlage scheitert nur an der Gegenwärtigkeit des Angriffs, so dass es sich auch um eine notwehrähnliche Lage handelt. Da eine glaubhafte Drohung mit einer massiven Körperverletzung im Raum stand, vor der es nach Lage der Dinge kein Entrinnen gab, wenn F den M nicht getötet hätte, solange sie noch dazu in der Lage war, ist die Tötung des M nicht als unverhältnismäßig großer Schaden zu werten.[31]

Im Hinblick auf eine Tötung im Defensivnotstand ist jedoch umstritten, ob an eine Rechtfertigung gem. § 34 StGB **zusätzliche Anforderungen** zu stellen sind.

---

[26] MK-*Erb*, StGB, § 34 Rn. 156; Schönke/Schröder-*Lencker/Perron*, StGB, § 34 Rn. 30 f.; *Roxin*, AT I, § 16 Rn. 77 ff.; *Gropp*, AT, § 6 Rn. 137; *Baumann/Weber/Mitsch*, AT, § 17 Rn. 77; SK-*Günther*, StGB, § 34 Rn. 43.

[27] *Kühl*, AT, § 8 Rn. 134; MK-*Erb*, StGB, § 34 Rn. 145 ff.; *Roxin* AT I, § 16 Rn. 72 ff.; Schönke/Schröder-*Lencker/Perron*, StGB, § 34 Rn. 30.

[28] *Joecks*, StGB, § 34 Rn. 27; *Kühl*, AT, § 8 Rn. 134.

[29] MK-*Erb*, StGB, § 34 Rn. 154 ff.

[30] Vgl. näher zum zivilrechtlichen Defensivnotstand gem. § 228 BGB Fall 7.

[31] Vgl. dazu näher die Ausführungen zu § 35 I 2 StGB.

118

(a) Die Mindermeinung

Eine im vordringen befindliche Ansicht stellt für eine Tötung im Defensivnotstand keine über die Unverhältnismäßigkeitsprüfung hinausgehenden Anforderungen.[32] Danach wäre das Verhalten der F als verhältnismäßig anzusehen.

(b) Die herrschende Meinung

Die herrschende Meinung will ein Recht zur Tötung im Defensivnotstand aber nur bei einer angriffsgleichen, unmittelbar akuten Lebens- oder Leibesgefahr zugestehen.[33] Fehle es an einer **zugespitzten Gefahrenlage** komme nur eine Entschuldigung gem. § 35 StGB in Betracht.[34] Da sich F noch nicht in einer eindeutigen Angriffslage befand, wäre ihre Notstandshandlung nach dieser Ansicht nicht als verhältnismäßig zu bewerten.

(c) Diskussion/ Zwischenergebnis

Da die beiden Ansätze somit zu unterschiedlichen Ergebnissen gelangen, muss entschieden werden, welcher Auffassung der Vorzug zu geben ist.

Die Mindermeinung führt an, der Umstand, dass der Gefahrverursacher auf der Seite des Unrechts steht, wiege schwerer als die zeitliche Nähe des Schadenseintritts, da diese im Rahmen von § 34 StGB gegenüber dem Gesichtspunkt einer Notwendigkeit sofortigen Einschreitens nur von untergeordneter Bedeutung sei.[35] Derartige Fälle über **§ 35 StGB** zu lösen, führe zu **nicht tolerablen Konsequenzen**, da gegen den im entschuldigten Notstand handelnden Täter Notwehr und Nothilfe möglich wären. Zudem sei § 35 StGB

[32] MK-*Erb*, StGB, § 34 Rn. 162; Krey, AT/1, Rn. 580 ff.; SK-*Günther*, StGB, § 34 Rn. 43; *Otto*, NStZ 2004, 142 (143 f.).
[33] *Hillenkamp*, Miyazawa-FS, 141 (155 f.); *Ders.*, JZ 2004, 48 (50); *Roxin*, AT I, § 16 Rn. 87; *Kühl*, AT, § 8 Rn. 138; *Rotsch*, JuS 2005, 12 (16).
[34] *Roxin*, AT I, § 16 Rn. 87.
[35] MK-*Erb*, StGB, § 34 Rn. 162.

bei Notstandshilfe zugunsten anderer nur anwendbar, wenn es um den Schutz nahestehender Personen gehe.[36]

Dafür, dass Tötungen bei der Präventivnotwehr nicht gestattet werden können spricht jedoch, dass Schlimmem nicht mit Schlimmerem vorgebeugt werden darf.[37] Um den **Lebensschutz möglichst weitgehend zu verwirklichen**, sind Tötungen im Defensivnotstand auf absolute Extremfälle zu begrenzen. Demnach ist der herrschenden Meinung folgend die Handlung der F nicht als verhältnismäßig anzusehen.[38]

F ist daher nicht gem. § 34 StGB gerechtfertigt.

c) Zwischenergebnis

F handelte somit rechtswidrig.

3. Schuld

F müsste außerdem schuldhaft gehandelt haben.

a) Notwehrexzess gem. § 33 StGB

Zu denken wäre zunächst an eine Entschuldigung gem. § 33 StGB wegen **Notwehrexzesses**.[39] Allerdings befand sich F zum Zeitpunkt der Abwehrhandlung nicht in einer Notwehrlage. Nach ganz überwiegender Meinung ist § 33 StGB zumindest auf den **vorzeitigen extensiven Notwehrexzess** nicht anwendbar.[40] Demnach ist F nicht gem. § 33 StGB entschuldigt.[41]

---

[36] *Krey*, AT/1, § 13 Rn. 581.
[37] *Roxin*, AT I, § 16 Rn. 85.
[38] Die andere Ansicht wäre hier gut vertretbar.
[39] Bei § 33 StGB handelt es sich zumindest nach h.M. um einen Entschuldigungsgrund, *Lackner/Kühl*, StGB, § 33 Rn. 1.
[40] *Baumann/Weber/Mitsch,* AT, § 23 Rn. 43; a.A. etwa Schönke/Schröder-*Lenckner/Perron*, StGB, § 33 Rn. 7.
[41] Vgl. näher zum Notwehrexzess gem. § 33 StGB Fall 6.

120

b) Entschuldigender Notstand gem. § 35 StGB

Möglicherweise befand sich F aber in einem **entschuldigenden Notstand** und ist daher gem. § 35 StGB entschuldigt.

aa) Notstandslage

F müsste sich zunächst in einer **Notstandslage** befunden haben. Dies setzt eine gegenwärtige Gefahr für Leben, Leib oder Freiheit des Täters selbst, eines Angehörigen oder einer anderen ihm nahestehenden Person voraus.

(1) Gegenwärtige Gefahr

Dass eine gegenwärtige Gefahr für die körperliche Unversehrtheit der F bestand, wurde bereits festgestellt.

(2) Notstandsfähiges Rechtsgut

Die Gefahr müsste für eines der in § 35 StGB genannten **Rechtsgüter** bestanden haben. Hier war die körperliche Unversehrtheit der F in Gefahr. Wie sich aus dem Zusammenspiel mit dem Rechtsgut Leben ergibt, ist unter einer Leibesgefahr nur eine Gefahr für die körperliche Unversehrtheit von gewisser Erheblichkeit zu verstehen.[42] Nach einer sehr restriktiven Meinung wird sogar eine drohende schwere Körperverletzung gefordert.[43] F drohte der Verlust der Fähigkeit, Kinder auszutragen, also ihrer Fortpflanzungsfähigkeit, mithin sogar eine schwere Körperverletzung. Es bestand somit eine Gefahr für ein notstandsfähiges Rechtsgut.

(3) Persönliche Nähebeziehung

Die Gefahr bestand auch für F selbst.
Diese befand sich somit in einer Notstandslage.

---

[42] Schönke/Schröder-*Lenckner/Perron*, StGB, § 35 Rn. 6/7; *Lackner/Kühl*, StGB, § 35 Rn. 3.
[43] *Tröndle/Fischer*, StGB, § 35 Rn. 4.

bb) Notstandshandlung

F müsste außerdem eine **Notstandshandlung** vollzogen haben, als sie M erschoss. Ihre Handlung müsste dafür objektiv erforderlich gewesen sein. Dass die Abwehrmaßnahme der F erforderlich war, um die durch M drohende Gefahr abzuwehren, wurde bereits festgestellt.

cc) Kein Ausschluss wegen Zumutbarkeit (§ 35 I 2 StGB)

Gem. **§ 35 I 2 StGB** entfällt der Schuldvorwurf nicht, wenn dem Täter den Umständen nach zugemutet werden konnte, die Gefahr hinzunehmen. Ein Ausschluss der Entschuldigung gem. § 35 StGB, weil F die Hinnahme der Gefahr zumutbar gewesen wäre, kommt hier unter mehreren Gesichtspunkten in Betracht:

(1) Verursachung der Gefahr

Die Annahme eines entschuldigenden Notstandes könnte zunächst deshalb ausgeschlossen sein, weil F die von M ausgehende Gefahr **"selbst verursacht"** hat. Von einer Selbstverursachung ist nach überwiegender Ansicht auszugehen, wenn sich der Notstandstäter i.S. einer Obliegenheitsverletzung ohne zureichenden Grund in die voraussehbar zu einer Notstandslage führende Gefahr begeben hat.[44]

Als Verursachung der Gefahr könnte zunächst angesehen werden, dass F über Jahre hinweg trotz der Misshandlungen und Beleidigungen bei ihrem Ehemann ausgeharrt hat. Man kann es jedoch nicht als objektiv pflicht- oder obliegenheitswidrig und auch nicht als ein Sich-in-Gefahr-Begeben ohne zureichenden Grund bezeichnen, wenn eine Frau trotz Gewalttätigkeiten an einer **Ehe festhält**.[45] Dies folgt bereits aus der Stellung der Ehe im Grundgesetz. Dass sich F nicht

---

[44] So *Baumann/Weber/Mitsch*, AT, § 23 Rn. 27; *Roxin*, AT I, § 22 Rn. 46ff; *Kühl*, AT, § 12 Rn. 63 ff.; *Lackner/Kühl*, StGB, § 35 Rn. 8; *Haft*, AT, S. 143.

[45] *BGH*, JZ 2004, 44 (46); *Hillenkamp*, JZ 2004, 48 (51).

von M getrennt hat, kann somit nicht als Gefahrverur-
sachung angesehen werden.

F könnte weiterhin vorgeworfen werden, dass sie keine
staatliche Hilfe in Anspruch genommen hat. Aber zum
einen hatte sie dies schon erfolglos versucht und zum
anderen hätte F in der konkreten Situation ohnehin keine
staatliche Hilfe erlangen können. Auch unter diesem Aspekt
kann F somit nicht vorgeworfen werden, die Gefahr selbst
verursacht zu haben.

(2) Garantenpflicht[46]

Außerdem könnte der entschuldigende Notstand ausgeschlossen sein, weil F aufgrund der Ehe mit M die Hinnahme der Gefahr zumutbar war. Denn zu den Umständen,
welche die Hinnahme der Gefahr zumutbar machen können,
gehören auch Gefahrtragungspflichten, die sich aus einer
Garantenpflicht gegenüber dem Opfer der Notstandstat
ergeben.[47] Aus der Ehe folgt eine Garantenstellung gegenüber dem Ehegatten.

Die Ehe zwischen F und M war aber angesichts des
Gewichts der langdauernden, wiederkehrenden Misshand-
lungen kein Rechtsverhältnis, aufgrund dessen F die
Hinnahme der Gefahr weiterer, auch heftiger körperlicher
Attacken zuzumuten gewesen wäre.[48] Die aus der Ehe
folgende Garantenpflicht führt somit nicht dazu, dass F die
Hinnahme der Gefahr zumutbar war.

---

[46] Ausführlicheres zu Garantenpflichten in Fall 12.

[47] Schönke/Schröder-*Lenckner/Perron*, StGB, § 35 Rn. 31; *Lackner/Kühl*, StGB,
§ 35 Rn. 11; *Kühl*, AT, § 12 Rn. 82 ff.

[48] Vgl. *BGH,* JZ 2004, 44 (46); Zur Voraussetzung einer intakten Beziehung für
Solidarpflichten i. S. von § 32 vgl. MK-*Erb*, StGB, § 32 Rn. 196.

(3) Disproportionalität

Merke: Die Prüfung der fehlenden Disproportionalität gilt auch bei § 35 StGB als ungeschriebene Notstandsvoraussetzung. Die Einordnung der Disproportionalitätsprüfung erfolgt jedoch uneinheitlich. Teilweise wird die Erforderlichkeit durch eine Disproportionalitätsprüfung ergänzt.[49] Nach überwiegender Ansicht betrifft sie jedoch eher die Zumutbarkeitseinschränkung des § 35 I 2 StGB.[50] Bei der Fallbearbeitung ist daher sowohl eine Einordnung bei der Erforderlichkeit als auch bei der Zumutbarkeit vertretbar.[51]

Schließlich könnte sich die Zumutbarkeit der Gefahr aus dem Gesichtspunkt der **Disproportionalität** ergeben. Zwar enthält § 35 StGB im Gegensatz zu § 34 StGB keine Abwägung in dem Sinn, dass der Täter nur entschuldigt wäre, wenn er ein höher- oder gleichrangiges Interesse schützt.[52] Zwischen der Schwere der Gefahr und der rechtswidrigen Notstandstat muss jedoch eine gewisse Proportionalität bestehen.[53] Eine Gefahrtragungspflicht entsteht daher dann, wenn die Rettungshandlung zur Verletzung wesentlich überwiegender Interessen beim Notstandsopfer führt.[54] Es fragt sich somit, ob bei schweren Leibesgefahren eine vorsätzliche Tötung entschuldigt werden kann. Bei der Gefahr ständig sich wiederholender schwerster Misshandlungen durch das gewalttätige Opfer ist jedoch kein offensichtliches Missverhältnis anzunehmen.[55] Dies gilt zumindest dann, wenn nicht heilbare Verletzungen drohen, wie hier der Verlust der Fortpflanzungsfähigkeit und diese Gefahren gerade vom Opfer der Notstandshandlung ausgehen. Die Tötung des M steht somit nicht außer Verhältnis zu den der F drohenden Verletzungen.

[49] *Wessels/Beulke*, AT, Rn. 439.
[50] *Kühl*, AT, § 12 Rn. 87 ff.; *Roxin*, AT I, § 22 Rn. 54 ff.
[51] *Kühl*, AT, § 12 Rn. 53.
[52] Schönke/Schröder-*Lenckner/Perron*, StGB, § 35 Rn. 33.
[53] *Lackner/Kühl*, StGB, § 35 Rn. 11.
[54] *Kühl*, AT, § 12 Rn. 90.
[55] Schönke/Schröder-*Lenckner/Perron*, StGB, § 35 Rn. 33; *Kühl*, AT, § 12 Rn. 89.

Damit ergibt sich keine Einschränkung aus § 35 I 2 StGB.

dd) Rettungswille

F hatte Kenntnis von der Notstandslage und handelte mit Rettungswillen.
F ist somit gem. § 35 StGB entschuldigt.

c) Zwischenergebnis

F handelte nicht schuldhaft.

4. Ergebnis

F hat sich nicht wegen Totschlags gem. § 212 I StGB strafbar gemacht, indem sie M erschoss.

Vertiefungshinweise

- *Rechtsprechung zur Rechtfertigung und Entschuldigung bei der Tötung sog. Familientyrannen: BGH* JZ 2004, 44 ff. mit Anm. *Hillenkamp,* JZ 2004, 48 ff. und *Rengier,* NStZ 2004, 233 ff.

- *Aufsatz zur Rechtfertigung und Entschuldigung bei der Tötung sog. Familientyrannen: Hillenkamp,* Miyazawa-FS, 141 ff.

- *Aufsatz zu verschiednen Problemen im Zusammenhang mit der Tötung sog. Familientyrannen: Rotsch,* JuS 2005, 12 ff.

- *Aufsatz zur Gegenwärtigkeit des Angriffs und der Gefahr: Otto,* Jura 1999, 552

- *Übungsfall zur „notwehrähnlichen Lage": Haft/Eisele,* Jura 2000, 313 ff.

- *Übungsfälle zur Interessenabwägung i.R.v. § 34 StGB:* Krey, AT 1, Fall 69 (Rn. 576 ff.), Fall 69a (Rn. 582a ff.)

- *Aufsatz zu § 35 StGB:* Müller-Christmann, JuS 1995, L 65 ff

Fall 9: „Der Held des Tages"

▸ **Standort:** Strafrecht AT, Nothilfe, Erlaubnistatbestandsirrtum

Spaziergänger T beobachtet in der Parkanlage einer Groß-
stadt den maskierten O, der sich mit gezogenem Messer
von hinten an die Passantin P anschleicht. Gerade als O mit
dem Messer ausholt, schlägt T den O hinterrücks mit einem
schweren Ast nieder, um den vermeintlichen Überfall abzuwehren. O erleidet eine Gehirnerschütterung.

Den Tod des O hatte T dabei nicht für möglich gehalten,
wohl aber erkannt, dass ein derartiger Schlag auf den Kopf
durchaus schwerwiegende Folgen haben kann.

Anschließend stellt sich heraus, dass es sich bei P und O
um Schauspieler handelt, die mit Dreharbeiten zum neuen
„Tatort" beschäftigt waren. Das nahe, aus ca. 15 Personen
bestehende Kamerateam hatte T in seinem Eifer übersehen.

Prüfen Sie die Strafbarkeit des T!

I. Gefährliche Körperverletzung gegenüber O, §§ 223 I, 224 I StGB
1. Tatbestand
    a) Objektiver Tatbestand: Vorliegen von §§ 223 I, 224 I Nr. 2, 5
       StGB
    b) Subjektiver Tatbestand
2. Rechtswidrigkeit
    a) Nothilfe, § 32 I, II, 2. Alt. StGB: Kein Angriff des O auf P
    b) Festnahmerecht, § 127 I StPO: Keine „Tat", auch die
       Voraussetzungen für Haftbefehl nicht erfüllt
    c) Rechtfertigende Notstandshilfe, § 34 S. 1, 2. Alt. StGB: Keine
       Gefahr
3. Schuld: Erlaubnistatbestandsirrtum d. T, Ausschluss der Vorsatzschuld
4. Ergebnis

II. Fahrlässige Körperverletzung, §§ 229, 16 I S. 2 StGB
1. Tatbestand
    a) Erfolg, Handlung und Kausalität
    b) Objektive Sorgfaltspflichtverletzung bei objektiver
       Voraussehbarkeit des Erfolgs
    c) Objektive Zurechnung

2. Rechtswidrigkeit
3. Schuld
4. Ergebnis

III. Nötigung, § 240 I und II StGB
1. Tatbestand
    a) Objektiver Tatbestand: Nötigungsmittel Gewalt und
      Nötigungserfolg
    b) Subjektiver Tatbestand
2. Rechtswidrigkeit: Kein Eingreifen von Rechtfertigungsgründen und
   Verwerflichkeit, § 240 II StGB
3. Schuld: Erlaubnistatbestandsirrtum und Ausschluss der Vorsatzschuld
4. Ergebnis

IV. Endergebnis

I. Gefährliche Körperverletzung gegenüber O, §§ 223 I, 224 I Nr. 2, 5 StGB

Indem T dem O mit einem Ast auf den Hinterkopf schlug, könnte er sich wegen gefährlicher Körperverletzung gemäß §§ 223 I, 224 I Nr. 2, 5 StGB strafbar gemacht haben.

1. Tatbestand

a Objektiver Tatbestand

aa) Erfolg

Es müsste eine **körperliche Misshandlung** des O oder eine **Schädigung seiner Gesundheit** stattgefunden haben.

(1) Körperliche Misshandlung

Als körperliche Misshandlung wird jede üble, unangemessene Behandlung verstanden, durch die entweder das körperliche Wohlbefinden oder die körperliche Unversehrtheit mehr als nur unerheblich beeinträchtigt wird.[1]

Es ist davon auszugehen, dass ein Schlag auf den Kopf mit einem Ast bei O mit starken Schmerzen verbunden war, welche zu einer erheblichen Einschränkung des körper-

---

[1] *Tröndle/Fischer*, StGB, § 223 Rn. 3a.

lichen Wohlbefindens führten. Gleiches gilt für die Symptome der Gehirnerschütterung. Außerdem ist der Schlag als üble, unangemessene Behandlung einer anderen Person zu bewerten. Mithin war eine körperliche Misshandlung des O gegeben.

(2) Gesundheitsschädigung

Eine Schädigung der Gesundheit liegt vor, wenn ein von der Norm der körperlichen Funktionen nachteilig abweichender Zustand geschaffen oder gesteigert wird.[2] Bei einer Gehirnerschütterung werden regelmäßig zahlreiche Nervenzellen zerstört, was häufig – wie auch hier – zu einer vorübergehenden Bewusstlosigkeit führt. Beides, die Zerstörung der Nervenzellen und die Ohnmacht stellen einen Zustand dar, der nachteilig vom Normalzustand abweicht. Somit lag auch eine Gesundheitsschädigung des O vor.

bb) Handlung

Handlung im Sinne des Strafrechts ist jedes vom menschlichen Willen beherrschte oder beherrschbare aktive Tun oder Unterlassen.[3]

Der Schlag mit dem Ast gegen den Kopf der O stellte ein aktives Tun dar, welches T auch mit seinem Willen beherrschte. Folglich lag eine Handlung im Sinne des Strafrechts vor.

cc) Kausalität

T müsste kausal für die Verletzungen des O gewesen sein. Nach der Conditio-Formel ist jede Bedingung eines Erfolges kausal, die nicht hinweggedacht werden kann, ohne dass der Erfolg in seiner konkreten Gestalt entfiele.[4] Hätte T nicht mit einem Ast auf den Kopf des O geschlagen, wäre es nicht zu der Ohnmacht und der Gehirnerschütterung bei O

---

[2] *Joecks*, StGB, § 223 Rn. 9.
[3] *Joecks*, StGB, Vor § 13 Rn. 16.
[4] *RGSt* 1, 373; *BGHSt* 1, 332; 45, 270 (294 f.).

gekommen. Mithin war das Verhalten von T **ursächlich** für den Eintritt des tatbestandlichen Erfolgs bei O.

dd) Objektive Zurechnung

Für eine die objektive Zurechnung ausschließende Fallgruppe bestehen hier keinerlei Anhaltspunkte.

Vielmehr war in dem Schlag mit dem Ast die **Schaffung einer rechtlich missbilligten Gefahr** zu sehen, **welche sich** auch im tatbestandlichen Erfolg, also hier der Ohnmacht und Gehirnerschütterung bei O, **realisiert hat**. Die objektive Zurechenbarkeit liegt vor.

ee) Qualifikationsmerkmale des § 224 I StGB

T könnte über § 223 StGB hinaus auch den objektiven Tatbestand einer gefährlichen Körperverletzung gemäß §§ 223, 224 I StGB verwirklicht haben. Dafür müsste eines der in § 224 I StGB beschriebenen Qualifikationsmerkmale verwirklicht worden sein.

(1) Gefährliches Werkzeug, § 224 I Nr. 2, 2. Alt. StGB

In Betracht kommt eine Körperverletzung mittels eines gefährlichen Werkzeugs, § 224 I Nr. 2, 2. Alt. StGB. Gefährliches Werkzeug ist jeder Gegenstand, der nach seiner objektiven Beschaffenheit und konkreten Art seiner Verwendung geeignet ist, erhebliche körperliche Verletzungen herbeizuführen.[5] Der Schlag mit einem schweren und harten Gegenstand wie einem Ast auf den Hinterkopf eines Menschen ist dazu geeignet, erhebliche Verletzungen herbeizuführen, wie auch der Sachverhalt gezeigt hat. Dabei liegt es zumindest nicht fern, dass es auch zu schwereren Verletzungen bei O hätte kommen können. Daher handelte es sich bei dem Ast nach der Art seiner Verwendung um ein **gefährliches Werkzeug** im Sinne des § 224 I Nr. 2, 2. Alt. StGB.

---

[5] *Wessels/Hettinger*, BT/1, Rn. 275.

(2) Hinterlistiger Überfall, § 224 I Nr. 3 StGB

Es könnte zudem ein hinterlistiger Überfall gemäß § 224 I Nr. 3 StGB gegeben sein. „Überfall" ist dabei ein unvorhergesehener Angriff, auf den sich das Opfer nicht vorbereiten kann.[6] T schleicht sich hinterrücks an O heran, so dass der Angriff für O unvorhersehbar und damit nicht vorbereitbar war. Ein Überfall ist daher gegeben.

„**Hinterlistig**" ist der Überfall dann, wenn der Täter seine wahre Absicht planmäßig berechnend verdeckt, um gerade dadurch dem Angegriffenen die Abwehr zu erschweren.[7] Das vom Täter ausgenutzte bloße Überraschungsmoment ist nicht ausreichend, vielmehr muss der Täter zur Verschleierung des geplanten Angriffs zuvor weitere Vorkehrungen getroffen haben.[8] Von einer solchen planmäßigen Verdeckung seines Angriffs kann aber keine Rede sein. Vielmehr fand T eine Situation vor, die nach seiner Meinung ein schnelles Eingreifen erforderte. Dass er sich für die Beseitigung der vermeintlichen Gefahrenlage dem O von hinten näherte, ist für die Annahme von Hinterlist daher keinesfalls ausreichend. Es lag mithin **kein hinterlistiger Überfall** des T auf O vor.

(3) Lebensgefährdende Behandlung, § 224 I Nr. 5 StGB

Indes könnte der Schlag auf den Hinterkopf eine das Leben gefährdende Behandlung gemäß § 224 I Nr. 5 StGB gewesen sein.

(a) Die herrschende Meinung

Dies setzt nach der h. M. voraus, dass die Verletzungshandlung den **konkreten Umständen nach objektiv geeignet war**, das Leben des Opfers in Gefahr zu bringen; die tatsächlich erlittene Verletzung braucht hingegen nicht

---

[6] *Joecks*, StGB, § 224 Rn. 27.
[7] *BGH* NStZ 04, 93.
[8] *Wessels/Hettinger*, BT/1, Rn. 279.

lebensgefährlich zu sein.[9] Ein derart fester Schlag auf den Hinterkopf, wie er von T ausgeführt wurde, kann durchaus dazu führen, dass über die tatsächlich erlittene Gehirnerschütterung hinaus auch etwa ein Schädelbruch oder Gehirnblutungen erlitten werden und war daher objektiv geeignet, das Leben des O in Gefahr zu bringen.

(b) Die Minderheitsmeinung

Nach einer Minderheitsmeinung in der Literatur soll es in Hinblick auf den hohen Strafrahmen des § 224 StGB hingegen erforderlich sein, dass das Opfer durch die Tathandlung in eine **konkrete Lebensgefahr** gekommen ist.[10] Damit soll aber kein konkreter Verletzungs*erfolg* im Sinne einer lebensgefährlichen Verletzung gemeint sein, ausreichend sei, dass das Opfer durch die *Handlung* für einen kurzen Zeitraum in Lebensgefahr schwebte. Im Moment der Schlagausführung befand O sich in Lebensgefahr, da ein Schlag wie der von T ausgeführte unter Umständen zu Verletzungen führen kann, die bei ihrem Auftreten lebensgefährlich sind. Auch nach dieser Ansicht war daher eine das Leben gefährdende Behandlung gegeben.

(c) Streitentscheid

Beide Ansichten führen hier zum gleichen Ergebnis, so dass ein Streitentscheid nicht vonnöten ist.[11] Eine das Leben gefährdende Behandlung war gegeben.

b) Subjektiver Tatbestand

T müsste vorsätzlich gehandelt haben. Vorsatz ist der Wille zur Verwirklichung eines Straftatbestandes in Kenntnis aller seiner objektiven Tatumstände.[12]

[9] *BGH*St 2, 160 (163); *BGH* NStZ 2004, 618; *Wessels/Hettinger*, BT/1, Rn. 282.
[10] Schönke/Schröder-*Stree*, StGB, § 224 Rn. 12 m. w. N.
[11] Da die Minderheitsansicht betont, dass kein konkret lebensgefährlicher Verletzungs*erfolg* gegeben sein muss und sie für die Bestimmung der konkreten Lebensgefährlichkeit der *Handlung* ihre ex post erwiesene Ungefährlichkeit außer Betracht lässt, stellt sich allerdings die Frage, in welchen Fällen überhaupt divergierende Ergebnisse zwischen beiden Ansichten zustande kommen sollen.

aa) Vorsatz hinsichtlich § 223 I StGB

T wollte durch den Schlag sicherstellen, dass O zunächst angriffsunfähig ist und erkannte dabei auch die nahe liegende Möglichkeit des Eintritts der dann auch tatsächlich bewirkten Folgen für O. T handelte daher sowohl hinsichtlich der körperlichen Misshandlung als auch der Gesundheitsschädigung vorsätzlich in Form des dolus directus 1. Grades.

bb) Vorsatz bzgl. § 224 I Nr. 2, 2. Alt. StGB

T wusste, dass der Ast nach der Art seiner Verwendung dazu geeignet war, erhebliche Verletzungen bei O zu bewirken. T handelte daher mit Vorsatz in Bezug auf das Merkmal „gefährliches Werkzeug".

cc) Vorsatz hinsichtlich § 224 I Nr. 5 StGB

Die Frage nach dem Inhalt des Vorsatzes bei § 224 I Nr. 5 StGB wird **nicht einheitlich** beantwortet.

(1) Die Ansicht des Bundesgerichtshofs

Der BGH lässt für die innere Tatseite die **Kenntnis der Umstände** genügen, aus denen sich die allgemeine Gefährlichkeit der Tathandlung für das Leben des Opfers ergibt.[13] Diese Umstände hat T hier erkannt und damit vorsätzlich im Sinne der Rechtsprechung gehandelt.

(2) Die Gegenauffassung im Schrifttum

In der Literatur wird über die vom BGH aufgestellten Vorsatzerfordernisse hinaus verlangt, dass der **Täter** auch die **Bedeutung seiner Handlung reflektiert** hat, also die Gefährlichkeit seines Handelns für das Leben des Opfers im Rahmen einer **Parallelwertung in der Laiensphäre** erkannt und in Kauf genommen hat.[14] Den Angaben im Sachverhalt

---

[12] *Wessels/Beulke*, AT, Rn. 203.
[13] *BGHSt* 19, 352.
[14] *Wessels/Hettinger*, BT/1, Rn. 284 m. w. N.

zufolge hat T in Kenntnis der Gefährlichkeit seines Vorgehens zum Schlag auf O angesetzt. Er handelte daher auch nach dieser Ansicht vorsätzlich in Bezug auf § 224 I Nr. 5 StGB.

(3) Streitentscheid

Da beide Ansichten für diesen Fall zum selben Ergebnis führen, erübrigt sich eine Auseinandersetzung mit den Theorien. **T handelte vorsätzlich** bezüglich einer das Leben gefährdenden Behandlung.

2. Rechtswidrigkeit

T müsste rechtswidrig gehandelt haben. Das hat er aber dann nicht, wenn ein Rechtfertigungsgrund vorliegt.

a) Nothilfe, § 32 I, II, 2. Alt. StGB

T könnte durch Nothilfe gerechtfertigt sein.

Nothilfelage

Angriff

Hierfür müsste zunächst ein Angriff stattgefunden haben. Angriff ist jede durch menschliches Verhalten drohende Verletzung rechtlich geschützter Güter oder Interessen.[15] **Umstritten ist** dabei, nach welchem Maßstab diese drohende Verletzung zu ermitteln ist.

(a) Objektiver Ex-post-Maßstab

Nach der überwiegenden Auffassung ist das Vorliegen eines Angriffs **objektiv ex post** festzustellen, also unter Berücksichtigung aller, auch der erst nachträglich erkennbaren Umstände.[16] Tatsächlich drohte keine Verletzung von Rechts-

---

[15] *Wessels/Beulke*, AT, Rn. 325. Auf das von einer Minderheitsansicht aufgestellte zusätzliche Kriterium der Schuldfähigkeit des Angreifers kommt es hier nicht an; vgl. hierzu *Otto*, AT, § 8 Rn. 18 ff. m. w. N.

[16] *BGH* NStZ-RR, 2002, 204; Schönke/Schröder-*Lenckner/Perron*, StGB, § 32 Rn. 27.

gütern oder Interessen der P durch O, da es sich um eine einvernehmlich gespielte Szene der beiden handelte. Ein Angriff lag somit nicht vor.

(b) Objektiver Ex-ante-Maßstab

Die Gegenauffassung will unter den Begriff des Angriffs auch die so genannten „**Scheinangriffe**" fassen: Wer sich in einer vermeintlichen Rechtfertigungssituation befindet, könne nicht mehr wissen, als allgemein zu diesem Zeitpunkt schon bekannt ist. Von einer Notwehr-/Nothilfelage sei deshalb schon dann auszugehen, wenn sie auch von einem **besonnenen Drittbeobachter zum Zeitpunkt der Tat** angenommen worden wäre.[17] Von einem besonnenen Zeugen der Situation in der Parkanlage wäre jedoch zu erwarten gewesen, dass er die Situation angesichts des großen Kamerateams zutreffend als harmlos eingeschätzt hätte und daher im Gegensatz zu T keine Attacke auf O vorgenommen hätte. Auch nach dieser Auffassung lag daher kein Angriff vor.

(c) Streitentscheid

Da beide Auffassungen ergebnisgleich sind, kann ein Streit dahinstehen: Ein Angriff des O auf P fand nicht statt. Mithin scheidet die Nothilfe als Rechtfertigungsgrund aus.

b) Festnahmerecht, § 127 I, II StPO

Indes könnte T durch das in § 127 I, II StPO geregelte Festnahmerecht gerechtfertigt sein.

Auf frischer Tat betroffen

K müsste auf frischer Tat betroffen gewesen sein. Davon ist auszugehen, wenn der Täter bei Erfüllung eines Straftatbestands oder direkt danach am Tatort oder in dessen unmittelbarer Nähe gestellt wird.[18] Eine Straftat des O war

---

[17] *Kaufmann*, FS-Welzel, S. 393 (397 ff.); *Frisch*, Vorsatz und Risiko, S. 425 (433) m. w. N.
[18] *Beulke*, StPO, Rn. 235.

hier allerdings nicht gegeben, so dass § 127 I StPO nicht anwendbar ist. Allerdings wird in Rechtsprechung und Teilen der Literatur die Ansicht vertreten, auch Privatpersonen könnten ohne das Vorliegen einer Straftat (wie grundsätzlich nur Polizeibeamte, § 127 II StPO) eine vorläufige Festnahme dann vornehmen, wenn die Voraussetzungen für einen Haftbefehl gegeben sind.[19] Jedoch bestand nach der gebotenen objektiven Ex-ante-Betrachtung kein dringender Tatverdacht gegen O, so dass mithin die Voraussetzungen für einen Haftbefehl nicht gegeben sind. Damit kann ein Streitentscheid dahinstehen, da auch § 127 II StPO schon tatbestandlich als Rechtfertigungsgrund ausscheidet.

c) Rechtfertigende Notstandshilfe, § 34 S. 1, 2. Alt. StGB

Allerdings könnte eine den T rechtfertigende Notstandshilfe vorliegen, § 34 StGB.

Notstandslage

Gefahr für ein notstandsfähiges Rechtsgut

Es müsste eine Gefahr für ein Rechtsgut im Sinne des § 34 StGB vorgelegen haben. Ein Rechtsgut ist in Gefahr, wenn seine Verletzung so droht, dass der Eintritt eines Schadens nahe liegt. Gefordert ist also eine gewisse Wahrscheinlichkeit des Schadenseintritts.[20] Wie bei der Notwehrlage besteht auch für die Feststellung der Notstandslage **Streit** darüber, ob ein Maßstab **objektiv ex-ante oder objektiv ex-post** gelten soll.

(a) Objektiver Ex-ante-Maßstab

Die wohl herrschende Ansicht stellt auf das Urteil eines **verständigen Beobachters in der Situation des Betroffenen** ab, wobei innerhalb dieses Ansatzes noch danach differenziert wird, ob dieser Dritte überdies ein „sachkundiger

---

[19] *BGH* NJW 1981, 745; *Roxin*, AT I, § 17 Rn. 24.
[20] *Joecks*, StGB, § 34 Rn. 13.

Beobachter"[21] zu sein habe oder nicht[22]. Diese Unterscheidung ist hier jedoch unerheblich, denn jeder verständige Dritte wäre angesichts des anwesenden Kamerateams nicht von dem nahe liegenden Eintritt eines Schadens für das Leben und das Vermögen der P ausgegangen. Eine Gefahr war daher nach dieser Auffassung nicht gegeben.

(b) Objektiver Ex-post-Maßstab

Nach anderer Auslegung des Gefahrbegriffs ist das Vorliegen einer drohenden Rechtsgutsverletzung **objektiv ex-post** zu bestimmen; nach Ex-ante-Grundsätzen ist nach dieser Auffassung also allein die Verlaufsprognose, aber eben nicht die Grundlage des Gefahrurteils zu ermitteln.[23] Nach dieser Ansicht konnte hier erst recht nicht eine Gefahr für P angenommen werden.

(c) Streitentscheid

Beide Ansichten führen zum selben Ergebnis; ein Streit kann dahinstehen: Eine Gefahr für P war nicht gegeben.
Andere Rechtfertigungsgründe sind nicht ersichtlich.
T handelte daher **rechtswidrig.**

3. Schuld

T handelte in der Vorstellung, einen rechtswidrigen Angriff des O auf P abzuwehren. Er könnte sich daher in einem **Erlaubnistatbestandsirrtum** befunden haben. Eine solche Fehlvorstellung ist immer dann gegeben, wenn der Täter irrig Umstände annimmt, die ihn bei ihrem tatsächlichen Vorliegen rechtfertigen würden.

---

[21] *Wessels/Beulke*, AT, Rn. 304 m. w. N.
[22] LK-*Hirsch*, StGB, § 34 Rn. 27 f.
[23] MüKo-*Erb*, StGB, § 34 Rn. 63; Schönke/Schröder-*Lenckner/Perron*, StGB, § 34 Rn. 13 f.

Achtung: Es kann nicht oft genug davor gewarnt werden, an dieser Stelle vorschnell das Wissen um die mühsam erlernten Theorien zur rechtlichen Behandlung (und damit zu den **Rechtsfolgen!**) des Erlaubnistatbestandsirrtums an den Mann bringen zu wollen. Für eine erfolgreiche Klausur weitaus wichtiger ist es, sorgfältig zu untersuchen, ob überhaupt die **Voraussetzungen** des Erlaubnistatbestandsirrtums gegeben sind, ob T also unter Zugrundelegung seiner Lageeinschätzung gerechtfertigt wäre. Ist dies nämlich nicht der Fall, so muss die Fehlvorstellung des Täters als **Erlaubnisirrtum** angesehen werden, welcher vollkommen unumstritten nach § 17 StGB zu behandeln ist!

a) Voraussetzungen des Erlaubnistatbestandsirrtums: Irrige Annahme der tatsächlichen Voraussetzungen eines Rechtfertigungsgrundes, hier: Nothilfe, § 32 I, II, 2. Alt. StGB

T könnte sich eine Situation vorgestellt haben, in der er durch Nothilfe gerechtfertigt gewesen wäre.

Merke: Zumindest ungenau und missverständlich wäre es, wenn der Einleitungssatz gelautet hätte: „T könnte sich vorgestellt haben, durch Nothilfe gerechtfertigt zu sein", denn der Erlaubnistatbestandsirrtum gilt – wie schon erwähnt – nur für Fehlvorstellungen die **Sachlage** betreffend, keinesfalls aber für die rechtliche Fehlbewertung der Grenzen von Rechtfertigungsgründen! Es ist daher bei der hier vorgenommen Prüfung eines Rechtfertigungsgrundes nach Lageeinschätzung des Täters stets darauf zu achten, dass bereits die Formulierungen bezüglich der einzelnen Erlaubnistatbestandsmerkmale die Differenzierung zwischen Sachverhalts- und Rechts-(fehl-)einschätzungen des Täters erkennen lassen.

aa) Nothilfelage

(1) Angriff

Nach T's Lageeinschätzung müsste ein Angriff des O auf P gegeben gewesen sein. Davon ist auszugehen, denn O bedrohte vermeintlich das Leben, die Gesundheit und das Vermögen der P.

(2) Gegenwärtiger Angriff

Der Angriff müsste – unter Zugrundelegung der Lage-einschätzung des T – auch gegenwärtig gewesen sein. Das ist immer dann der Fall, wenn der Angriff unmittelbar bevor-steht, begonnen hat oder noch fortdauert.[24] Nach T's Vor-stellungen stand eine Verletzung der bereits benannten Rechtsgüter der P unmittelbar bevor, so dass er von der Gegenwärtigkeit des Angriffs im Sinne des § 32 StGB ausging.

(3) Rechtswidrigkeit des gegenwärtigen Angriffs

Der nach T's Sachverhaltsvorstellungen gegebene Angriff müsste auch rechtswidrig gewesen sein. Rechtswidrig ist ein Angriff dann, wenn er im Widerspruch zur Rechtsordnung steht, wobei umstritten ist, ob hinsichtlich der Rechtswidrigkeit allein auf den **Erfolgsunwert** der drohenden Verletzung oder auf den **Handlungsunwert** abzustellen ist.[25]

Nach T's Vorstellung von den Intentionen des O wäre von einem Erfolgsunwert der Attacke auf P auszugehen, weil P den Angriff nicht zu dulden bräuchte; ebenso wäre auch das Verhalten von O objektiv sorgfaltspflichtwidrig. Daher kann hier ein Streitentscheid dahinstehen, da der vermeintliche Angriff des O auf P nach beiden Auffassungen rechtswidrig wäre.

---

[24] *Wessels/Beulke*, AT, Rn. 328.
[25] Vgl. zum Streitstand *Tröndle/Fischer*, StGB, § 32 Rn. 11; *Joecks*, StGB, § 32 Rn. 10.

bb) Nothilfehandlung

(1) Verteidigung

Die vermeintliche Nothilfe des T darf sich nur **gegen Rechts-güter des** vorgestellten **Angreifers** richten; gegen Rechts-güter Dritter darf keine Verteidigungshandlung ausgeübt werden.[26] Die Nothilfehandlung des T richtet sich allein gegen den vermeintlichen Angreifer O, so dass nach T's Lagebild eine Verteidigungshandlung gegeben war.

(2) Erforderlichkeit

Fraglich ist, ob T die Grenzen der Erforderlichkeit der Nothilfe in der von ihm gedachten Verteidigungssituation eingehalten hat. **Erforderlich** ist eine Verteidigungshandlung, wenn sie unter den zur Verfügung stehenden Mitteln das mildeste ist.[27] Es ist also dasjenige Verteidigungsmittel zu wählen, das bei **gleicher Eignung** den **geringsten Schaden** anrichtet.[28]

Geeignet bedeutet, dass die Maßnahme grundsätzlich dazu hilfreich ist, den Angriff entweder ganz zu beenden oder ihm wenigstens ein Hindernis in den Weg zu legen.[29] Der Schlag mit dem Stock hat den vermeintlichen Angriff des O schnell und gründlich beendet, so dass die Geeignetheit der schein-baren Verteidigungshandlung bestand.

Allerdings ist hier zu bedenken, ob nicht auch ein warnender Zuruf oder wenigstens ein Schlag auf die Schulter des O ausreichend gewesen wäre. Angesichts der (vermeintlich) unmittelbaren Bedrohung der P und der von T unterstellten Gefährlichkeit der Angriffsmittel des O konnte T hier aber nicht zugemutet werden, sich auf das Risiko einer unzureich-enden Abwehrmaßnahme einzulassen. Schließlich war bei der gebotenen **objektiven ex ante Betrachtung** der Erfor-derlichkeit unter Zugrundelegung von T's Situationsein-schätzung nicht ausgemacht, ob O auf einen Warnschrei hin

---

[26] *Kühl*, AT, § 7 Rn. 84.
[27] *Joecks*, StGB, § 32 Rn. 11.
[28] *BGHSt* 3, 217.
[29] *Wessels/Beulke*, AT, Rn. 335.

den Angriff abbrechen würde; auch konnte T nicht sicher davon ausgehen, dass ein Schlag auf die Schulter des O die Gefährdung der P endgültig und nicht nur für wenige Augenblicke abwenden würde. Auf einen ungewissen Kampf aber muss sich der Verteidiger nicht einlassen.[30] Mithin war die Verteidigungshandlung nach Lageeinschätzung des T erforderlich.

(4) Keine aufgedrängte Nothilfe

Die Nothilfehandlung darf sich nicht gegen den ausdrücklich erklärten oder aus den Umständen erkennbaren Willen des Angegriffenen richten (sonst unzulässige, so genannte „aufgedrängte Nothilfe").[31] Ein ausdrücklich erklärter Wille der P gegen die Handlung des T war nicht vorhanden. Der aus den Umständen, insbesondere aus der Anwesenheit eines großen Filmteams durchaus erkennbare Wille der P, nicht Hilfe von Seiten des T zu erhalten, muss hier außer Betracht bleiben, da im Rahmen dieses Prüfungsabschnitts für die aufgedrängte Nothilfe nur Umstände relevant sein können, die auch der T erkannt hat. Bei Zugrundelegung der von T angenommenen Sachlage war folglich keine aufgedrängte Nothilfe gegeben.

(5) Gebotenheit

Die von T vorgenommene Putativnothilfe müsste auch geboten gewesen sein. An § 32 I StGB werden verschiedene Konstellationen festgemacht, in denen trotz der im Rahmen der Notwehr prinzipiell nicht vorzunehmenden Verhältnismäßigkeitsprüfung das „schneidige" Notwehrrecht eingeschränkt wird.[32] Die Einschlägigkeit einer solchen von Rechtsprechung und Literatur entwickelten **Fallgruppe** ist jedoch für diesen Fall **nicht ersichtlich**. Mithin war die Putativnothilfe des T auch geboten.

---

[30] *Tröndle/Fischer*, StGB, § 32 Rn. 16 d.
[31] *Wessels/Beulke*, AT, Rn. 334.
[32] *Joecks*, StGB, § 32 Rn. 18 ff.

Damit steht fest, dass T unter der irrigen Annahme von Umständen gehandelt hat, die ihn bei ihrem tatsächlichen Vorliegen gerechtfertigt hätten. **Er unterlag daher einem Erlaubnistatbestandsirrtum.**

> **Merke:** Bis auf wenige Gegenstimmen im Schrifttum ist allgemein anerkannt, dass für die Rechtfertigung auch das **„subjektive Rechtfertigungselement"** – bei der Notwehr etwa der Verteidigungswille – gegeben sein muss.[33]
>
> Dieser Prüfungspunkt ist im Rahmen der gerade vorgenommenen Untersuchung des Vorliegens der Nothilfe nach Lageeinschätzung des T aber entbehrlich, denn der Erlaubnistatbestandsirrtum ist ja strukturell[34] nichts anderes als das Vorliegen des subjektiven Rechtfertigungselements bei fehlender objektiver Entsprechung!

b) Rechtsfolgen des Erlaubnistatbestandsirrtums

In Ermangelung einer positiven Regelung ist die Frage nach wie vor heftig umstritten, welche Konsequenzen das Bestehen eines Erlaubnistatbestandsirrtums für den Täter haben soll.

aa) Modifizierte Vorsatztheorie

Nach der modifizierten Vorsatztheorie ist jedenfalls das **materielle Unrechtsbewusstsein** als Kenntnis von der Sozialschädlichkeit des Verhaltens **Teil des Tatbestandsvorsatzes.** Daher handelt ohne materielles Unrechtsbewusstsein, wer sich eine Situation vorstellt, in der er im Rahmen eines Erlaubnissatzes fremde Rechtsgüter verletzt.[35] Dies war für T der Fall. Nach der modifizierten Vorsatztheorie **entfällt** für T daher der tatbestandliche **Vorsatz gemäß § 16 I S. 1 StGB.**

---

[33] *Kühl*, AT, § 6 Rn. 11 ff.; *Wessels/Beulke*, AT, Rn. 275 ff. m. w. N; vgl. hierzu auch ausführlich Fall 10.

[34] Im Einzelfall können Abweichungen dadurch entstehen, dass nach einer Ansicht hinsichtlich des subjektiven Rechtfertigungselements Absicht beim Täter gegeben sein muss.

[35] *Otto*, AT, § 7 Rn. 61 ff. m. w. N.; § 15 Rn. 5 ff.; *Geerds*, Jura 1990, 421 (429 f.).

bb) Strenge Schuldtheorie

Nach der strengen Schuldtheorie betrifft § 16 StGB nur Irrtümer auf Tatbestandsebene, **für Irrtümer die Rechtswidrigkeit** und damit das Unrechtsbewusstsein **betreffend** hat der Gesetzgeber hingegen **ausnahmslos § 17 StGB** vorgesehen. Diese Vorschrift ordnet an, dass das Unrechtsbewusstsein ein Schuldelement und gerade nicht ein Vorsatzelement sein soll.[36]

Danach ist die Fehlvorstellung des T hier nach § 17 StGB zu behandeln. Es bleibt daher allein zu prüfen, ob der Irrtum des T **vermeidbar** im Sinne von § 17 S. 2 StGB war.

Nach der Rechtsprechung des BGH ist die gehörige Anspannung des Gewissens und der eigenen geistigen und sittlichen Kräfte zum Zwecke der Zweifelsausräumung durch Nachdenken und Erkundigung[37] das entscheidende Kriterium die Vermeidbarkeit des Verbotsirrtums betreffend. Bei Anlegung dieser Maßstäbe wäre es T durchaus möglich gewesen, den „Angriff" des O durch kurzes Innehalten und Vergegenwärtigung der Situation richtig einzuschätzen. Sein Irrtum war somit vermeidbar, so dass T nach der strengen Schuldtheorie strafbar wegen gefährlicher Körperverletzung ist und lediglich in den Genuss einer fakultativen Strafmilderung nach § 17 S. 2 StGB i. V. m. § 49 I StGB kommen kann.

cc) Eingeschränkte Schuldtheorien

(1) Lehre von den negativen Tatbestandsmerkmalen

Nach dieser Lehre sind die Erlaubnissätze Teil eines Unrechts-Gesamttatbestands, so dass die Rechtfertigungsgründe nicht erst die Rechtswidrigkeit, sondern schon den Tatbestand ausschließen. Sie sind deshalb **negative Tatbestandsmerkmale**, weil ihr Nichtvorliegen Voraussetzung der Tatbestandserfüllung ist.[38]

---

[36] *Welzel*, Deutsches Strafrecht, § 22 III 1 f, LK-*Schroeder*, StGB, § 16 Rn. 52.
[37] *BGH*St 2, 194 (201); 3, 357 (366); 4, 236 (243).
[38] *Kaufmann*, JZ 1954, 653 ff.; *Schünemann*, GA 1985, 341 (349).

Folge dieser Auffassung ist, dass die irrige Annahme von rechtfertigenden Umständen den Tatbestandsvorsatz gemäß § 16 I S. 1 StGB entfallen lässt.

T handelte demnach **vorsatzlos.**

(2) Eingeschränkte Schuldtheorie im engeren Sinne

Dieser auch von der Rechtsprechung vertretenen Lehre liegt die Anschauung zugrunde, dass zwischen Merkmalen des gesetzlichen Tatbestands und Rechtfertigungsgründen für die Unrechtsbegründung keine Unterschiede von solchem Gewicht bestehen, als dass die Berechtigung bestünde, für die irrtümliche Annahme von rechtfertigenden Umständen § 17 StGB und seine strengen Rechtsfolgen anzuwenden. Vielmehr sei die strenge Schuldtheorie durch die **analoge Anwendung von § 16 StGB einzuschränken.**[39] Nach dieser Auffassung **entfällt** daher der **Körperverletzungsvorsatz** des T **nach § 16 I S. 1 StGB analog**.

> **Hinweis:** Die eingeschränkte Schuldtheorie im engeren Sinne unterliegt keinen Bedenken in Hinblick auf den Satz „Nullum crimen sine lege stricta" aus Art. 103 II GG, § 1 StGB, da das **Verbot der Analogie** im Strafrecht **nur** bei ihrer Bildung **zu Lasten des Täters** gilt.

(3) Rechtsfolgenverweisende eingeschränkte Schuldtheorie

Dieser Variante der eingeschränkten Schuldtheorien zufolge lässt das Vorliegen eines Erlaubnistatbestandsirrtums die finalen Elemente des Vorsatzes unberührt. Es kommt allerdings zu einem Entfall der Vorsatzschuld, da dem **Vorsatz** im Deliktssystem eine **Doppelfunktion** zukommt und durch die irrige Annahme einer rechtfertigenden Situation der in der Tat aktualisierte Gesinnungsunwert – ein Element der Schuld – entfällt.

---

[39] *BGH* StV 1999, 143 (145); *BGH* NJW 2000, 1348 (1349); *Roxin*, AT I, § 14 Rn. 64 ff. m. w. N.

Der Erlaubnistatbestandsirrtum wird daher von dieser Ansicht lediglich **in seinen Rechtsfolgen dem in § 16 I S. 1 StGB geregelten Tatbestandsirrtum gleichgestellt** und schließt jedenfalls die Strafbarkeit wegen vorsätzlicher Tat aus.[40] **Danach entfällt** für T **die Vorsatzschuld**, so dass eine Bestrafung wegen vorsätzlicher Körperverletzung ausgeschlossen ist.

dd) Streitentscheid

Da die strenge Schuldtheorie und die übrigen Ansichten zu unterschiedlichen Ergebnissen hinsichtlich der Strafbarkeit des T aus §§ 223, 224 StGB kommen, ist ein Streitentscheid erforderlich.

> **Merke:** Eine Entscheidung zwischen den übrigen Ansichten muss nicht herbeigeführt werden, da sie hinsichtlich des Ergebnisses (Straflosigkeit des T hinsichtlich §§ 223, 224 StGB, Möglichkeit der Bestrafung aus § 229 StGB) unterschiedslos sind. Dies ist anders, wenn die Teilnahmestrafbarkeit einer weiteren Person im Raum stehen sollte: Wegen der Abhängigkeit der Anstiftung und Beihilfe vom Vorliegen einer **vorsätzlichen**, rechtswidrigen Haupttat müsste noch darüber entschieden werden, ob der rechtsfolgenverweisenden eingeschränkten Schuldtheorie der Vorzug zu geben ist. Allein sie eröffnet eine Teilnahmestrafbarkeit, weil sie nur das **Schuld**element des Vorsatzes entfallen lässt; dieses ist aber nicht Bezugspunkt des limitierten Akzessorietätsprinzips, vgl. § 29 StGB!

Grundsätzlich ist dem Argument der Vertreter der strengen Schuldtheorie zuzustimmen, dass – gegenüber dem Vorliegen von § 16 I S. 1 StGB – bei Kenntnis der Tatumstände eine Appell- und Warnfunktion gegeben ist, die für sich genommen dem Täter bereits ausreichen müsste, sich Überlegungen über die Strafbarkeit seines Verhaltens zu machen. Gleichwohl ist es fraglich, ob das Argument von der

---

[40] *Wessels/Beulke*, AT, Rn. 478; *Fahl*, JuS 2001, 47 (53).

generellen „potentiellen Unrechtseinsicht" pauschal für die Anwendbarkeit des § 17 StGB herangezogen werden kann, wenn sich der im Erlaubnistatbestandsirrtum handelnde Täter gerade das Gegenteil vorstellt, nämlich trotz der Appellfunktion des Tatbestandes annimmt, ausnahmsweise kein Unrecht zu begehen. Liegen die Voraussetzungen des Erlaubnistatbestandsirrtums vor, will sich der Täter **„an sich" rechtstreu** verhalten, die Warnfunktion des Tatbestandes wird in der Vorstellung des Täters von dem Bewusstsein überlagert, gerechtfertigt zu handeln; in struktureller Ähnlichkeit – dieses Regel-Ausnahme-Verhältnis betreffend – geht die herrschende Meinung ja auch davon aus, die „Indizwirkung" des Tatbestandes sei durch das Vorliegen von Rechtfertigungsgründen aufgehoben. Aus diesem Grunde lässt die strenge Schuldtheorie dann auch ausreichen, dass der Täter die Situation richtig hätte einschätzen können.

Dieser Vorwurf entspricht aber dem des Fahrlässigkeitsdelikts und zeigt, dass die beim Erlaubnistatbestandsirrtum gegebene Konstellation eher der Regelung von § 16 I S. 1 und 2 StGB i. V. m. dem entsprechenden Fahrlässigkeitstatbestand als der des § 17 StGB entspricht. Hinzu kommt, dass **§ 17 StGB** auf **rechtliche Fehlbewertungen** abstellt, während für den **Erlaubnistatbestandsirrtum** – wiederum ähnlich zu § 16 I S. 1 StGB – **im Tatsächlichen wurzelnde Fehleinschätzungen maßgeblich** sind.

Es ist daher denjenigen Auffassungen zu folgen, die zu einer Straflosigkeit des T in Bezug auf §§ 223, 224 StGB kommen, sei es durch die direkte oder analoge Anwendung von § 16 I S. 1 StGB oder durch die Bezugnahme auf seine Rechtsfolgen. Die strenge Schuldtheorie ist abzulehnen.

4. Ergebnis

T ist nicht strafbar wegen gefährlicher Körperverletzung gemäß §§ 223 I, 224 I StGB.

Hinweis zum Aufbau des Gutachtens: Entgegen mancherorts vertretener Aufbauregeln[41] ist es nicht zwingend, ein Problem dort zu erörtern, wo es erstmals nach einer der hierzu vertretenen Ansichten relevant sein soll. Demnach wären der Erlaubnistatbestandsirrtum und seine Rechtsfolgen bereits im subjektiven Tatbestand des §§ 223, 224 StGB zu erörtern gewesen. Aufbaufragen sind jedoch stets auch Zweckmäßigkeitsüberlegungen, so dass der (materiell-rechtlich richtige!) Aufbau zu wählen ist, der am sinnvollsten erscheint. Eine Diskussion bereits im subjektiven Tatbestand hätte zur Folge gehabt, dass z. B. im Rahmen der Lehre von den negativen Tatbestandsmerkmalen oder der eingeschränkten Schuldtheorie im engeren Sinne inzident hätte geprüft werden müssen, ob das Verhalten des T überhaupt objektiv rechtswidrig gewesen ist, was sehr unübersichtlich gewesen wäre. Es bleibt allerdings zuzugeben, dass man mit der Einordnung der Auseinandersetzung über den Erlaubnistatbestandsirrtum unter der Überschrift „Schuld" bereits eine Entscheidung für die rechtsfolgenverweisende Schuldtheorie hat durchblicken lassen, was mit der reinen Lehre vom Gutachtenstil (Ergebnisoffenheit!) nicht in Einklang steht. Dieses Bekenntnis ist allerdings auch in anderen Fällen kaum zu vermeiden; etwa zeigt die vom Fallbearbeiter gewählte Überschrift für die Prüfung eines Mordes (entweder „§ 211 StGB" oder §§ 212, 211 StGB") bereits, ob man eher der Rechtsprechung oder der Literatur zuneigt, was die Frage nach dem systematischen Verhältnis von Mord und Totschlag angeht.[42]

II. Fahrlässige Körperverletzung, §§ 229, 16 I S. 2 StGB

T könnte sich jedoch wegen fahrlässiger Körperverletzung gemäß §§ 229, 16 I S. 2 StGB strafbar gemacht haben, weil er vor dem Schlag das nahe Kamerateam übersehen hat.

---

[41]   *Graul*, JuS 2000, 216.
[42]   Vgl. zu diesem Meinungsstreit *Tröndle/Fischer*, StGB, § 211 Rn. 38 ff.

1. Tatbestand

a) Erfolg, Handlung und Kausalität

Der Erfolg der Körperverletzung ist gegeben und beruhte auch auf einer hierfür kausalen Handlung des T (s. o.).

b) Objektive Sorgfaltspflichtverletzung bei objektiver Voraussehbarkeit des Erfolges

T müsste hinsichtlich des objektiv vorhersehbaren Erfolgs eine **objektive Sorgfaltspflicht** verletzt haben. Inhalt der Sorgfaltspflicht ist es, die aus dem konkreten Verhalten erwachsenden Gefahren für das geschützte Rechtsgut zu erkennen und sich darauf richtig einzustellen. Art und Maß der anzuwendenden Sorgfalt ergeben sich dabei aus den Anforderungen, die bei Betrachtung der Gefahrenlage an einen besonnenen und gewissenhaften Menschen in der konkreten Lage und der sozialen Rolle des Handelnden zu stellen sind.[43] Wegen des nahen Kamerateams hätte eine besonnene und gewissenhafte Person in der konkreten Lage und der sozialen Rolle des T den Irrtum über die Situation, also die vermeintliche Gefahr für P und den darauf folgenden Schlag vermieden, so dass festgehalten werden kann, dass T die **im Verkehr erforderliche Sorgfalt außer Acht gelassen** hat. Auch waren die Folgen dieser Fehleinschätzung vorhersehbar.

> **Achtung:** Anknüpfungspunkt für den das Fahrlässigkeitsdelikt konstituierenden Vorwurf einer Sorgfaltspflichtverletzung kann nur der Irrtum im Vorfeld des Schlags sein. Der Schlag selbst geschah hinsichtlich der finalen Elemente unstrittig mit Vorsatz, so dass diesbezüglich kein Fahrlässigkeitsdelikt bejaht werden kann, sofern man mit der herrschenden Meinung ein **Aliud-Verhältnis** von Vorsatz und Fahrlässigkeit hinsichtlich ein- und derselben Causa annimmt.[44]

---

[43] *Wessels/Beulke*, AT, Rn. 668 f.

[44] Vgl. hierzu *Tröndle/Fischer*, StGB, § 15 Rn. 19.

c) Objektive Zurechnung

Der Körperverletzungserfolg ist T auch objektiv zurechenbar. Insbesondere unterbricht die Vorsätzlichkeit des Schlags nicht den Zurechnungszusammenhang, weil die tatbestandlich verwirklichte gefährliche Körperverletzung ja gerade Folge des sorgfaltspflichtwidrigen Irrtums bei T ist.

2. Rechtswidrigkeit

Es sind keine Rechtfertigungsgründe ersichtlich. T handelte somit auch **rechtswidrig**.

3. Schuld

Für das Bestehen eines Fahrlässigkeitsschuldvorwurfs müsste eine **subjektive Sorgfaltspflichtverletzung** bei subjektiver Voraussehbarkeit des Erfolges bestehen. Dies ist der Fall, wenn der Täter nach seinen persönlichen Fähigkeiten und dem Maß seines individuellen Könnens im Stande war, die objektive Sorgfaltspflicht zu erkennen und die sich daraus ergebenden Sorgfaltspflichten zu erfüllen.[45] Es bestehen keine Anhaltspunkte dafür, dass T diese Fähigkeiten generell oder für die konkrete Situation fehlten; er hat daher subjektiv sorgfaltspflichtwidrig gehandelt. Auch waren für T der Erfolg und der darauf hinführende Kausalverlauf voraussehbar, so dass auch die subjektive Vorhersehbarkeit gegeben war.

Auch an dem Vorliegen der allgemeinen Schuldmerkmale bestehen keine Zweifel. T hat daher **schuldhaft** gehandelt.

4. Ergebnis

T ist strafbar wegen fahrlässiger Körperverletzung an O gemäß §§ 229, 16 I S. 2 StGB.

---

[45] *Wessels/Beulke*, AT, Rn. 692.

III. Nötigung, § 240 I und II StGB

Durch den Schlag auf den Kopf des O könnte T sich ferner wegen Nötigung gemäß § 240 I und II StGB strafbar gemacht haben.

1. Tatbestand

a) Objektiver Tatbestand

aa) Nötigungsmittel

T müsste mit Gewalt oder durch Drohung mit einem empfindlichen Übel auf O eingewirkt haben. Nach einer üblichen Kurzdefinition ist **Gewalt** der (zumindest auch) physisch vermittelte Zwang zur Überwindung eines geleisteten oder erwarteten Widerstandes.[46] Mit dem Schlag auf den Kopf des O und die dadurch herbeigeführte Bewusstlosigkeit wirkte T direkt auf den Körper des O ein. Durch diese physische Zwangswirkung sollte auch der von T erwartete Widerstand des O gebrochen werden. T hat somit Gewalt im Sinne des § 240 StGB angewendet.

bb) Nötigungserfolg

Folge der Nötigungshandlung muss ein erzwungenes Verhalten, genauer: eine **Handlung**, **Duldung** oder **Unterlassung** sein. Hier hat T den O daran gehindert, die Filmszene mit P zu Ende zu spielen und hat ihm mithin ein Unterlassen abgenötigt. Ein Nötigungserfolg ist damit gegeben.

b) Subjektiver Tatbestand

T müsste vorsätzlich gehandelt haben. Umstritten ist dabei, ob hinsichtlich des Nötigungszwecks dolus eventualis ausreicht[47], oder ob, jedenfalls bei Gewalt[48], bei Gewalt

---

[46] *Tröndle/Fischer*, StGB, § 240 Rn. 8.
[47] *BGHSt* 5, 245.
[48] *Rengier*, BT II, § 23 Rn. 70 m. w. N.

gegen Sachen[49] oder sogar ganz allgemein bei jeder Nötigung[50] Absicht im Sinne zielgerichteten Handelns erforderlich ist. T kam es auf den Abbruch des „Angriffs" des O als Ziel seines Handelns an. Daher handelte er hinsichtlich des Nötigungserfolges mit dolus directus 1. Grades, so dass ein Streit über die Vorsatzform beim Nötigungszweck dahinstehen kann. Auch erkannte T, dass er Gewalt anwendete. T handelte also **vorsätzlich**.

2. Rechtswidrigkeit

T müsste rechtswidrig gehandelt haben.

a) Rechtfertigungsgründe

Rechtfertigungsgründe sind nicht gegeben (s. o.).

b) Verwerflichkeitsklausel, § 240 II StGB

T müsste ferner **verwerflich** im Sinne von § 240 II StGB gehandelt haben.

> **Merke:** Üblicherweise steht das Unrecht einer Tat fest, wenn der Tatbestand gegeben ist und festgestellt wurde, dass keine Rechtfertigungsgründe vorliegen. Wegen der weiten Fassung von § 240 I StGB hat der Gesetzgeber mit der Verwerflichkeitsklausel in **§ 240 II StGB ein zusätzliches Korrektiv** geschaffen, welches notwendig war, um nur strafwürdiges Nötigungsunrecht als tatbestandliches und rechtswidriges Verhalten zu erfassen.[51] Im Gutachten ist zunächst wie sonst auch zu prüfen, ob Rechtfertigungsgründe eingreifen. Ist dies der Fall, erübrigt sich natürlich die Verwerflichkeitsprüfung. Anderenfalls ist anschließend die Subsumtion von § 240 II StGB vorzunehmen.

---

49 *Wessels/Hettinger*, BT/1, Rn. 419 m. w. N.
50 Schönke/Schröder-*Eser*, StGB, § 240 Rn. 34 m. w. N.
51 *BGHSt* 35, 270 (275 f.); *Rengier*, BT II, § 23 Rn. 57.

Verwerflichkeit meint einen erhöhten Grad sittlicher Missbilligung.[52] Sie ergibt sich dabei erst aus der **Beziehung von Mittel und Zweck**, wozu eine **umfassende Abwägung** und Berücksichtigung sämtlicher Umstände des Einzelfalls notwendig ist. Die Verwerflichkeit entweder des angestrebten Zwecks oder des angewendeten Mittels können dabei ein gewichtiges Indiz für die Verwerflichkeit der Nötigung insgesamt bilden.[53] Danach sprechen hier gute Gründe sowohl gegen als auch für die Verwerflichkeit von T's Verhalten.

Einerseits ist – da ja für die Bestimmung des Zwecks die **subjektive Zielsetzung** des Täters den Maßstab der Beurteilung bildet[54] – zu beachten, dass das von T verfolgte Ziel der Nötigung (Unterlassen des Angriffs) von der Rechtsordnung fraglos gebilligt wird. Andererseits bestand das von T gewählte Nötigungsmittel in einer rechtswidrigen gefährlichen Körperverletzung, was für die sozialethische Missbilligung der Zweck-Mittel-Relation angeführt werden kann.

Letztendlich muss hier im Rahmen einer Gesamtwürdigung die **Gefährlichkeit** und **Rechtswidrigkeit** des gewählten Nötigungsmittels den Ausschlag geben, da die Intensität des Zwangsmittels und der Umfang der hervorgerufenen Rechtsgutsverletzungen bei O schwerer wiegen als allein die rechtstreue Zielsetzung des T. Anderenfalls käme man auch zu dem befremdlichen Ergebnis, dass die durch eine Handlung im natürlichen Sinne hervorgerufenen Rechtsgutsverletzungen bei einem Opfer einerseits rechtswidrig, andererseits rechtmäßig sein können.

Die Tat war somit verwerflich und daher auch rechtswidrig.

---

[52] *BGH*St 17, 331.
[53] *Joecks*, StGB, § 240 Rn. 31.
[54] Schönke/Schröder-*Eser*, StGB, § 240 Rn. 21.

3. Schuld

Nach der hier vertretenen Ansicht zum Erlaubnistatbestandsirrtum **entfällt** für T allerdings **die Strafbarkeit** wegen direkter oder analoger Anwendung von § 16 I S. 1 StGB bzw. durch die Gleichstellung mit § 16 StGB die Rechtsfolgen betreffend (s. o.). Wer mit einer im Schrifttum vertretenen Ansicht die Verwerflichkeitsklausel (auch bei Gewaltanwendung) schon für ein Tatbestandsmerkmal hält[55], kommt zum gleichen Ergebnis: Der Vorsatz entfällt gemäß § 16 I S. 1 StGB.

4. Ergebnis

T ist nicht strafbar wegen Nötigung gemäß § 240 I und II StGB.

IV. Endergebnis

T ist strafbar wegen fahrlässiger Körperverletzung an O gemäß §§ 229, 16 I S. 2 StGB.

Vertiefungshinweise

- *Zum Klausuraufbau des Erlaubnistatbestandsirrtums*: *Schmelz*, Jura 2002, 391 ff.

- *Ausführliche Darstellung des Streitstandes mit Beispielen*: *Hillenkamp*, 32 Probleme aus dem Strafrecht, Allgemeiner Teil, 10. Problem, S. 65 ff.

- *Übungsfall zum Erlaubnistatbestandsirrtum*: *Beulke*, Klausurenkurs im Strafrecht I, Fall 7, S. 125 ff.

---

[55] Schönke/Schröder-*Eser*, StGB, § 240 Rn. 16, 33 m. w. N.

Fall 10: „Retter wider Willen"

▸ **Standort:** Strafrecht AT, Subjektives Rechtfertigungselement

Millionär M beobachtet vom Fenster aus, wie sich seine Ehefrau F und ihr Geliebter G im Park vor seinem Anwesen treffen. M will das schon länger während Verhältnis zwischen F und G nicht mehr hinnehmen und G endlich loswerden. Er beabsichtigt daher, G mit seinem Jagdgewehr umzubringen. Tatsächlich schießt M dem G aus ca. 50 m Entfernung in den Rücken, wodurch dieser getötet wird.

M konnte vom Fenster aus nicht sehen, dass G gerade seinerseits im Begriff war, die F zu töten. Diese hatte dem G soeben eröffnet, dass sie das Verhältnis zu ihm beenden wolle. Daraufhin hatte G eine Pistole gezogen und diese auf F gerichtet. Dass G nicht abdrückte, wurde nur durch den Schuss des M verhindert. Nach Lage der Dinge war dies die einzige Möglichkeit, das Leben der F zu retten.

Hat sich M wegen eines Tötungsdelikts strafbar gemacht (auf Art. 2 II a EMRK ist nicht einzugehen) ?

I. Strafbarkeit gem. §§ 212 I, 211 StGB
1. Tatbestand
    a) Objektiver Tatbestand: Erfolg – Handlung – Kausalität – Heimtücke
    b) Subjektiver Tatbestand: Vorsatz bzgl. der Tötung – Heimtücke – Niedrige Beweggründe
2. Rechtswidrigkeit: Notwehr
    (P) Verteidigungswille: Erforderlichkeit und Konsequenzen des Fehlens eines subjektiven Rechtfertigungselements
3. Ergebnis
II. Strafbarkeit gem. §§ 212 I, 211, 22, 23 I StGB
1. Vorprüfung
    a) Nichtvollendung der Tat
    b) Strafbarkeit des Versuchs
2. Tatbestand
    a) Tatentschluss: Vorsatz – Heimtücke
    b) Unmittelbares Ansetzen
3. Rechtswidrigkeit
4. Schuld: Entschuldigender Notstand
5. Ergebnis

I. Strafbarkeit gem. §§ 212 I, 211 StGB

M könnte sich dadurch, dass er G mit dem Jagdgewehr erschoss, wegen Mordes gem. §§ 212 I, 211 StGB strafbar gemacht haben.

1. Tatbestand

a) Objektiver Tatbestand

aa) Erfolg

Es müsste der tatbestandliche Erfolg des § 212 I StGB, der Tod eines anderen Menschen, eingetreten sein. Mit G ist ein anderer Mensch gestorben. Somit ist der tatbestandliche Erfolg des § 212 I StGB gegeben.

bb) Handlung

Zudem müsste eine Handlung des M vorliegen. Handlung im Sinne des Strafrechts ist jedes vom menschlichen Willen beherrschte oder beherrschbare aktive Tun oder Unterlassen.[1] Der Schuss des M auf G stellt ein aktives Tun dar, welches M auch mit seinem Willen beherrschte. Damit lag eine Handlung des M vor.

> **Hinweis:** Das Vorliegen einer Handlung muss in einem so unproblematischen Fall nicht unbedingt geprüft werden. Es ist hier der Vollständigkeit halber erwähnt.

cc) Kausalität

Weiterhin müsste die Handlung des M kausal für den tatbestandlichen Erfolg gewesen sein. Kausal im Sinne der Conditio-sine-qua-non-Formel ist jede Bedingung eines Erfolges, die nicht hinweggedacht werden kann, ohne dass der Erfolg in seiner konkreten Gestalt entfiele.[2] Der Schuss der M auf G kann nicht hinweggedacht werden, ohne dass

---

[1] *Joecks,* StGB, Vor § 13 Rn. 16.
[2] *RGSt* 1, 373; *BGHSt* 1, 332; 45, 270 (294 f.).

der Tod des G entfiele. Damit ist M´s Handlung kausal für den Tod des G.

dd) Objektive Voraussetzungen der Heimtücke

In dem M den G aus dem Fenster erschoss, könnte er außerdem **heimtückisch** gehandelt haben.

(1) Ansicht der Rechtsprechung

Nach Ansicht der Rechtsprechung handelt heimtückisch, wer in feindlicher Willensrichtung die Arg- und Wehrlosigkeit des Opfers bewusst zur Tötung ausnutzt.[3] Objektive Kriterien sind die Arg- und Wehrlosigkeit des Opfers.

Arglos ist, wer sich zum Zeitpunkt der Tat keines Angriffs von Seiten des Täters versieht.[4] G wusste zum Zeitpunkt der Tat nicht, dass M ihn vom Fenster aus erschießen wollte und war somit arglos.

Wehrlos ist, wer aufgrund der Arglosigkeit keine oder nur eine reduzierte Möglichkeit zur Verteidigung besitzt.[5] Da G nicht damit rechnete, von M angegriffen zu werden, ergriff er keinerlei Abwehrmaßnahmen. Damit waren die Abwehrmöglichkeiten des G aufgrund seiner Arglosigkeit eingeschränkt, so dass G auch wehrlos war.

(2) Verwerflicher Vertrauensbruch

Teilweise wird darüber hinaus ein **verwerflicher Vertrauensbruch** gefordert.[6] Der Täter müsse für die Tatbegehung ein Vertrauen, welches das Opfer gerade ihm entgegenbringt, missbrauchen.[7] G kannte M nicht, so dass zwischen beiden auch kein Vertrauensverhältnis bestand. Ein verwerflicher Vertrauensbruch lag demnach nicht vor.

---

[3]   *BGHSt* 9, 385 (390); 32, 382; 39, 353 (368).
[4]   *BGHSt* 32, 382; 39, 353 (368).
[5]   *Lackner/Kühl*, StGB, § 211 Rn. 8.
[6]   Vgl. etwa Schönke/Schröder-*Eser*, StGB, § 211 Rn. 26.
[7]   Schönke/Schröder-*Eser*, StGB, § 211 Rn. 26.

Es stellt sich aber die Frage, ob der verwerfliche Vertrauensbruch als Voraussetzung der Heimtücke anzuerkennen ist. Dieses Heimtückekriterium ist nicht nur sehr unscharf. Es hat vor allem eine zu starke Verengung des Mordtatbestandes zur Folge, da der Überfall auf einen Unbekannten mangels Vertrauensmissbrauches ausgeklammert werden müsste.[8] Ein besonderes Vertrauen zwischen Täter und Opfer ist daher nicht zu verlangen.[9]

Die objektiven Kriterien der Heimtücke sind somit erfüllt.

Merke: Prüft man, wie hier, die objektiven Voraussetzungen der Heimtücke im objektiven Tatbestand und die subjektiven Voraussetzungen im subjektiven Tatbestand, wird die Prüfung der Heimtücke auseinander gerissen. Um das zu verhindern, wird z. T. vorgeschlagen, auch die subjektiven Komponenten in den objektiven Tatbestand einzubeziehen.[10] Diese Vorgehensweise erscheint allerdings durchaus angreifbar und ist daher nicht empfehlenswert. Eine weitere Möglichkeit ist es, nach der Prüfung des objektiven und subjektiven Tatbestandes einen gesonderten Prüfungspunkt „Mordmerkmale" einzufügen und dort nach den objektiven und subjektiven Komponenten der verschiedenen Mordmerkmale zu fragen.[11]

---

b) Subjektiver Tatbestand

aa) Vorsatz hinsichtlich der Tötung

M müsste **vorsätzlich** hinsichtlich der Tötung des G gehandelt haben. Vorsatz ist der Wille zur Verwirklichung eines Straftatbestandes in Kenntnis aller seiner objektiven Tatumstände.[12] Hier könnte M den Tod des G absichtlich herbeigeführt haben. Dann müsste es ihm auf diesen Erfolg gerade angekommen sein.[13] M wollte G durch den Schuss

---

[8]   *Mitsch*, JuS 1996, 213 (214).
[9]   Eine andere Ansicht wäre hier selbstverständlich vertretbar.
[10] *Rengier*, BT II, § 4 Rn. 8.
[11] *Arzt*, Strafrechtsklausur, S. 176.
[12] *Wessels/Beulke*, AT, Rn. 203.
[13] Vgl. *Lackner/Kühl*, StGB, § 15 Rn. 20.

156

töten und er wusste auch, dass der Schuss den Tod des G verursachen würde. M handelte demnach vorsätzlich in Form des dolus directus 1. Grades.

bb) Subjektive Voraussetzungen der Heimtücke

M müsste außerdem Vorsatz bezüglich der Arg- und Wehrlosigkeit des G gehabt haben. M wusste, dass G nicht mit einem Angriff rechnete, also arglos war. Er wusste ebenfalls, dass G dadurch keine Abwehrmöglichkeiten besaß. M hatte somit Vorsatz im Hinblick auf die Arg- und Wehrlosigkeit des G.

Zusätzlich müssten die besonderen subjektiven Kriterien des Mordmerkmals der Heimtücke erfüllt sein.

M müsste die Arg- und Wehrlosigkeit des G **bewusst ausgenutzt** haben. Das Ausnutzungsbewusstsein setzt voraus, dass der Täter die Arg- und Wehrlosigkeit seines Opfers nicht nur in äußerlicher Weise wahrgenommen, sondern in ihrer Bedeutung für die hilflose Lage des Angegriffenen erfasst und dies bewusst für die Tatbegehung ausgenutzt hat.[14] M machte es sich zu Nutze, dass G ihn nicht wahrnahm und daher nicht mit einem Angriff rechnete. Er nutzte die Arg- und Wehrlosigkeit des G somit bewusst aus.

Außerdem müsste M in **feindlicher Willensrichtung** gehandelt haben. An der feindlichen Willensrichtung fehlt es, wenn der Täter zum Besten des Opfers zu handeln glaubt.[15] M hatte aber nicht im Sinn, zum Besten des G zu handeln, er wollte ihn vielmehr loswerden. Er handelte somit in feindseliger Willensrichtung.

M tötete G somit heimtückisch.

cc) Niedrige Beweggründe

M könnte außerdem aus **niedrigen Beweggründen** heraus gehandelt haben. Niedrig sind Beweggründe, die nach allgemeiner sittlicher Wertung auf tiefster Stufe stehen und

---

[14] Vgl. Schönke/Schröder-*Eser*, StGB, § 211 Rn. 25.
[15] *BGHSt* 30, 105 (119).

deshalb besonders verwerflich, ja verächtlich sind.[16] Die
Niedrigkeit des Beweggrundes ist nach den Gesamtumständen der Tat zu bestimmen.[17] M wollte das Verhältnis
zwischen F und G nicht länger hinnehmen und den G
deswegen loswerden. Als Motiv seines Handelns kommt
damit **Eifersucht** in Betracht. Bei Eifersucht kommt es
entscheidend auf die Einzelumstände an: Niedrige Beweggründe sollen nur dann anzunehmen sein, wenn der Täter
nach seinen Beziehungen zu der geliebten Person und nach
den konkreten Lebensumständen keinen menschlich begreiflichen Anlass zu seiner ins Maßlose gewachsenen
Eifersucht gehabt, dieser Gefühlsregung vielmehr aus
krasser Eigensucht und hemmungsloser Triebhaftigkeit
Raum gegeben hat.[18] Hier hatte die Ehefrau des M seit
längerer Zeit ein Verhältnis mit einem anderen Mann. M
hatte daher durchaus Anlass, eifersüchtig zu sein. Seine
Eifersucht erscheint somit menschlich nachvollziehbar. M
handelte demnach nicht aus niedrigen Beweggründen.

2. Rechtswidrigkeit

M müsste weiterhin rechtswidrig gehandelt haben.

Nothilfe gem. § 32 I, II, 2. Alt. StGB

Da der Schuss des M das Leben der F rettete, könnte M
gem. § 32 StGB durch Nothilfe gerechtfertigt sein.

aa) Nothilfelage

Dann müsste zunächst eine Nothilfelage bestanden haben.
Dies setzt einen gegenwärtigen rechtswidrigen Angriff
voraus.

---

[16] *Lackner/Kühl*, StGB, § 211 Rn. 5.
[17] *Lackner/Kühl*, StGB, § 211 Rn. 5.
[18] *BGH*St 3, 180 (182 f.).

(1) Angriff

Ein **Angriff** ist jede durch menschliches Verhalten drohende Verletzung rechtlich geschützter Güter oder Interessen.[19] Das Leben der F wurde durch das Verhalten des G bedroht. Ein Angriff lag somit vor.

(2) Gegenwärtigkeit des Angriffs

Ein Angriff ist **gegenwärtig,** wenn er unmittelbar bevorsteht, gerade stattfindet oder noch andauert.[20] Der Angriff steht unmittelbar bevor bei einem Verhalten des Angreifers, das unmittelbar in die eigentliche Verletzungshandlung umzuschlagen droht.[21] G hatte die Pistole bereits auf F gerichtet und musste nur noch abdrücken. Die eigentliche Verletzungshandlung stand demnach unmittelbar bevor. Der Angriff war somit gegenwärtig.

(3) Rechtswidrigkeit des Angriffs

Rechtswidrig ist jeder Angriff, der nicht seinerseits durch einen Rechtfertigungsgrund gedeckt ist.[22] G war im Begriff F zu töten, also eine Straftat zu begehen. Diese Tat wäre nicht gerechtfertigt gewesen. Der Angriff war damit auch rechtswidrig.
Es bestand somit eine Nothilfelage.

bb) Nothilfehandlung

Weiterhin müsste M auch eine Nothilfehandlung vollzogen haben, als er G erschoss. Eine Nothilfehandlung muss sich gegen den Angreifer richten, objektiv erforderlich und normativ geboten sein.

---

[19] *Gropp,* AT, § 6 Rn. 68; *Wessels/Beulke,* AT, Rn. 325.
[20] *Gropp,* AT, § 6 Rn. 77; *Wessels/Beulke,* AT, Rn. 328.
[21] Schönke/Schröder-*Lenckner/Perron,* StGB, § 32 Rn. 14.
[22] *Gropp,* AT, § 6 Rn. 70.

(1) Verteidigung

Das Verteidigungsverhalten der in Notwehr handelnden Person darf sich nur gegen den Angreifer, nicht aber gegen Rechtsgüter unbeteiligter Dritter richten.[23] Der Schuss verletzte nur Rechtsgüter des G, von dem der Angriff auf F ausging. Eine Verteidigungshandlung war somit gegeben.

(2) Erforderlichkeit

Erforderlich ist die Verteidigung, wenn und soweit sie einerseits zur Abwehr des Angriffs geeignet ist und andererseits das relativ mildeste Gegenmittel darstellt.[24]

Geeignet bedeutet, dass die Maßnahme grundsätzlich in der Lage ist, den Angriff ganz zu beenden oder ihm wenigstens ein Hindernis in den Weg zu legen.[25] Der Schuss des M auf G hat den Angriff des G auf das Leben der F erfolgreich abgewehrt. Daher war diese Maßnahme geeignet.

Zudem müsste M das **relativ mildeste Mittel** eingesetzt haben. Ein gezielter tödlicher Schuss ist prinzipiell erst nach einer Androhung zulässig, es sei denn, dass eine solche keinen Erfolg verspricht oder wegen der Bedrohlichkeit der Situation nicht mehr möglich ist.[26] Da G nur noch abdrücken musste, versprach nur ein sehr schnelles Handeln Erfolg. Der tödliche Schuss stellte somit das einzige Mittel dar, um den Angriff sicher abzuwehren.

Die Verteidigungshandlung war demnach auch erforderlich.

---

[23] *Tröndle/Fischer*, StGB, § 32 Rn. 15.
[24] Schönke/Schröder-*Leckner/Perron*, StGB, § 32 Rn. 34.
[25] *Wessels/Beulke*, AT, Rn. 335.
[26] Schönke/Schröder-*Lenckner/Perron*, StGB, § 32 Rn. 37.

(3) Gebotenheit[27]

Dafür, dass das Notwehrrecht hier unter sozialethischen Gesichtspunkten eingeschränkt sein könnte, bestehen keine Anhaltspunkte.[28]

M hat somit eine Nothilfehandlung vollzogen.

cc) Verteidigungswille

Problematisch könnte es jedoch sein, dass M das Vorliegen der Nothilfelage zum Zeitpunkt seiner Abwehrhandlung nicht kannte. Wie sich ein Handeln ohne Verteidigungswillen auf die rechtliche Beurteilung auswirkt, ist umstritten.

(1) Erforderlichkeit eines subj. Rechtfertigungselements

Zunächst stellt sich die Frage, ob die Notwehrhandlung überhaupt von einem Verteidigungswillen getragen sein muss.[29]

(a) Objektive Ansicht (Mindermeinung)

Eine Mindermeinung verneint die Existenz subjektiver Rechtfertigungselemente generell und **verlangt** dementsprechend für eine Rechtfertigung gem. § 32 StGB auch **keinen Verteidigungswillen.**[30] Da die objektiven Notwehrvoraussetzungen erfüllt sind, wäre M nach dieser Ansicht gem. § 32 StGB gerechtfertigt.

(b) Subjektive Ansicht (herrschende Meinung)

Nach ganz herrschender Meinung genügt es für eine Rechtfertigung nach § 32 StGB aber nicht, dass die objektiven Notwehrvoraussetzungen vorliegen. Der Täter muss viel-

---

[27] Vgl. näher zur Gebotenheit Fall 5.
[28] Relevant könnte hier allenfalls Art. 2 II a EMRK sein, auf den aber laut Bearbeitervermerk nicht einzugehen ist. Vgl. *Wessels/Beulke*, AT, Rn. 343a.
[29] Ausführlich zum folgenden Streit *Hillenkamp*, Probleme AT, S. 25 ff.
[30] LK-*Spendel*, StGB, § 32 Rn. 138 ff.

mehr auch **mit Verteidigungswillen** handeln.[31] Für das Vorliegen eines Verteidigungswillens wollen einige die Kenntnis der Notwehrlage genügen lassen[32], andere verlangen darüber hinaus, dass die Notwehrlage den Täter zu seiner Handlung motiviert hat[33]. Da M keinerlei Kenntnis von der Nothilfelage hatte, handelte er nach beiden Ansichten ohne Verteidigungswillen.

(c) Diskussion/ Zwischenergebnis

Da die objektive und die subjektive Ansicht zu unterschiedlichen Ergebnissen gelangen, muss entschieden werden, welcher Auffassung der Vorzug zu geben ist.

Nach Auffassung der objektiven Ansicht führt die subjektive Ansicht zu unbefriedigenden und ungereimten Ergebnissen.[34] Jemanden zu bestrafen, der objektiv rechtmäßig gehandelt habe, laufe auf eine reine **Gesinnungsstrafe** hinaus.[35] Zudem werde durch die Forderung nach einem subjektiven Rechtfertigungselement unabhängig vom Wortlaut der Rechtfertigungsnormen zu Lasten des Täters eine zusätzliche Straffreiheitsbedingung eingeführt.[36]

Diese Argumente vermögen jedoch nicht zu überzeugen. Bereits der Wortlaut vieler Rechtfertigungsnormen deutet auf das Erfordernis eines subjektiven Rechtfertigungselements hin.[37] Gegen eine rein objektiv begründbare Rechtfertigung spricht aber insbesondere, dass der Unrechtsgehalt einer Tat durch ihren **Erfolgsunwert** und durch ihren **Handlungsunwert** bestimmt wird.[38] Die objektiven Rechtfertigungselemente vermögen jedoch nur den Erfolgsunwert des

---

[31] *BGHSt* 5, 245 (247); *Baumann/Weber/Mitsch,* AT, § 17 Rn. 31 f.; *Wessels/ Beulke,* AT, Rn. 275; *Gropp,* AT, § 6 Rn. 32.

[32] Schönke/Schröder-*Lenckner*, StGB, Vorbem §§ 32 ff., Rn. 14; *Roxin,* AT I, § 14 Rn. 97.

[33] *Jescheck/Weigend*, AT, S. 328; *Wessels/Beulke,* AT, Rn. 275, 350a.

[34] LK-*Spendel*, StGB, § 32 Rn. 139 ff.

[35] LK-*Spendel*, StGB, § 32 Rn. 140.

[36] LK-*Spendel*, StGB, § 32 Rn. 139.

[37] *Stratenwerth/Kuhlen*, AT, § 9 Rn. 145; *Gropp,* AT, § 6 Rn. 33.

[38] *Wessels/Beulke,* AT, Rn. 277.

Verhaltens aufzuwiegen. Der Handlungsunwert bleibt dagegen bei Unkenntnis der objektiven Rechtfertigungslage bestehen. Er wird nur kompensiert, wenn der Wille des Täters auch die Sachverhaltsmomente umschließt, die das Verhalten objektiv als rechtmäßig erscheinen lassen.[39] Daher ist mit der herrschenden Meinung das Vorliegen eines Verteidigungswillens zu fordern.

(2) Konsequenzen des Fehlens des subjektiven Rechtfertigungselements[40]

Es stellt sich daher die Frage, welche Konsequenzen das Fehlen des Verteidigungswillens hat.[41]

(a) Vollendungslösung

Nach einer Auffassung führt die Unkenntnis der rechtfertigenden Lage dazu, dass eine Rechtfertigung gänzlich entfällt. Der Täter ist danach wegen **vollendeter** rechtswidriger Tat strafbar.[42]

(b) Versuchslösung

Dagegen geht eine andere Auffassung davon aus, dass der Täter bei fehlendem Verteidigungswillen zwar rechtswidrig handelt, aber nur wegen **Versuchs** strafbar ist.[43]

(c) Diskussion/ Zwischenergebnis

Da die Vollendungs- und die Versuchslösung somit zu unterschiedlichen Ergebnissen führen, stellt sich die Frage, welcher Ansicht zu folgen ist.

---

[39] *Stratenwerth/Kuhlen,* AT, § 9 Rn. 145.

[40] Bei der umgekehrten Konstellation – Fehlen der objektiven Rechtfertigungslage bei Vorliegen des subjektiven Rechtfertigungselements – handelt es sich um den Erlaubnistatbestandsirrtum. Vgl. dazu Fall 9.

[41] Ausführlich zum folgenden Streit *Hillenkamp,* AT Probleme, S. 30 ff.

[42] *BGHSt* 2, 111 (115); LK-*Hirsch,* StGB, Vor § 32 Rn. 59 ff.

[43] *Jescheck/Weigend,* AT, S. 330; *Roxin,* AT I, § 14 Rn. 104 f.; Schönke/Schröder-*Lenckner,* StGB, Vorbem §§ 32 ff. Rn. 15; *Wessels/Beulke,* AT, Rn. 279; *Stratenwerth/Kuhlen,* AT, § 9 Rn. 152; *Gropp,* AT, § 6 Rn. 32.

Die Vertreter der Vollendungslösung befürchten zum einen Strafbarkeitslücken, da der Versuch nicht bei allen Delikten strafbar ist.[44] Außerdem solle die Rechtswidrigkeit beim Eingreifen eines Rechtfertigungsgrundes nur entfallen, weil der Täter die objektiven und subjektiven Merkmale eines Rechtfertigungsgrundes realisiere.[45] Zudem verlasse man bei einer Bestrafung wegen Versuchs den Boden der Realität, da der tatbestandsmäßige Erfolg eingetreten sei.[46]

In der Tat ist der tatbestandsmäßige Erfolg eingetreten, so dass es sich formal nicht um einen Versuch handelt. Allerdings wird der mit der Tatbestandsverwirklichung verknüpfte Erfolgsunwert durch die objektiv gegebene Rechtfertigungslage kompensiert, so dass sich der Unrechtsgehalt der Tat auf den subjektiven Handlungsunwert beschränkt.[47] Damit stimmen der Versuch und die nur objektiv gerechtfertigte Tatbestandsverwirklichung im Hinblick auf den Unrechtsgehalt der Tat im Wesentlichen überein: In beiden Fällen ist allein der Handlungsunwert, nicht aber der Erfolgsunwert gegeben.[48] Daher verdient die sinngemäße Anwendung der für den Versuch geltenden Regeln den Vorzug.[49]

dd) Zwischenergebnis

M ist zwar nicht gem. § 32 StGB gerechtfertigt. Es kommt aber keine Bestrafung wegen eines vollendeten Delikts in Betracht, vielmehr greifen die Versuchsregeln ein.

Aufbauhinweis: Teilweise wird vorgeschlagen, die begonnene Vollendungsprüfung einfach mit dem Ergebnis der Versuchsstrafbarkeit abzuschließen.[50] Es sei unnötig, in eine zusätzliche Versuchsprüfung einzusteigen, da es sich um ein Wertungsproblem handele und die Versuchsprüfung keine eigenständigen Probleme aufwerfe.

---

[44] LK-*Hirsch*, StGB, Vor § 32 Rn. 61.
[45] LK-*Hirsch*, StGB, Vor § 32 Rn. 61.
[46] LK-*Hirsch*, StGB, Vor § 32 Rn. 61.
[47] *Wessels/Beulke*, AT, Rn. 279.
[48] *Stratenwerth/Kuhlen*, AT, § 9 Rn. 152; *Jescheck/Weigend*, AT, S. 330.
[49] Eine andere Ansicht wäre hier selbstverständlich vertretbar.
[50] *Jäger,* AT, Rn. 131.

> Insgesamt scheint es aufbautechnisch aber sauberer zu sein, die Vollendungsstrafbarkeit abzulehnen und die Versuchsstrafbarkeit anschließend eigenständig zu prüfen.[51] Denn grundsätzlich sollten sich Subsumtionsfrage und Subsumtionsergebnis entsprechen. Die Versuchsprüfung kann dann entsprechend knapp gehalten werden.

3. Ergebnis

M hat sich nicht wegen Mordes gem. §§ 212 I, 211 StGB strafbar gemacht, indem er G erschoss.

II. Strafbarkeit gem. §§ 212 I, 211, 22, 23 I StGB

M könnte sich aber wegen versuchten Mordes gem. §§ 211, 212 I, 22, 23 I StGB strafbar gemacht haben, indem er G erschoss.

1. Vorprüfung

a) Nichtvollendung der Tat

Zunächst dürfte die Tat **nicht vollendet** sein. Die Tat ist nicht vollendet, wenn der objektive Tatbestand noch nicht vollständig erfüllt ist.[52] Zwar ist der tatbestandliche Erfolg eingetreten. Aufgrund der objektiv gegebenen Rechtfertigungslage fehlt aber das Erfolgsunrecht, so dass die Versuchsregeln sinngemäß eingreifen.

b) Strafbarkeit des Versuchs

Der versuchte Mord müsste **strafbar** sein. Gem. § 23 I StGB sind Verbrechen stets strafbar. Um ein Verbrechen handelt es sich gem. § 12 I StGB, wenn eine Mindeststrafe von einem Jahr oder darüber angedroht wird. Mord ist gem. § 211 I StGB mit einer lebenslangen Freiheitsstrafe bedroht. Somit ergibt sich die Strafbarkeit des versuchten Mordes aus den §§ 211 I, 23 I, 12 I StGB.

---

[51] *Wessels/Beulke,* AT, Rn. 280.
[52] *Wessels/Beulke,* AT, Rn. 596.

2. Tatbestand

a) Tatentschluss

M müsste **Tatentschluss** in Bezug auf die Tötung des G besessen haben. Der Tatentschluss umfasst den auf alle objektiven Tatbestandsmerkmale gerichteten Vorsatz und die sonstigen subjektiven Tatbestandsmerkmale.[53] Wie bereits oben festgestellt wurde, besaß M im Hinblick auf die Tötung des G Vorsatz in Form der Absicht.

Zudem war der Vorsatz des M auf eine heimtückische Tötung gerichtet.

b) Unmittelbares Ansetzen

M müsste nach seiner Vorstellung von der Tat **unmittelbar angesetzt** haben. Da M die Tathandlung bereits vollständig ausgeführt hat, liegt ein unmittelbares Ansetzen unzweifelhaft vor.

3. Rechtswidrigkeit

Rechtfertigungsgründe greifen zugunsten des M nicht ein, so dass dieser auch rechtswidrig handelte.

4. Schuld

Schließlich müsste M auch schuldhaft gehandelt haben. Zu denken wäre allenfalls an eine Entschuldigung gem. **§ 35 StGB**.[54] Auch eine Entschuldigung gem. § 35 StGB setzt jedoch voraus, dass der Täter mit dem Willen zur Gefahrenabwehr tätig wird. Da dies bei M nicht der Fall war, greift § 35 StGB nicht zu seinen Gunsten ein. M handelte demnach auch schuldhaft.

---

[53] *Wessels/Beulke*, AT, Rn. 598.

[54] Eine ausführliche Prüfung von § 35 StGB findet sich in Fall 8.

5. Ergebnis

M hat sich, indem er G erschoss, wegen versuchten Mordes gem. §§ 211, 212 I, 22, 23 I StGB strafbar gemacht.

Vertiefungshinweise

- *Problemdarstellung zum subjektiven Rechtfertigungselement: Hillenkamp*, 32 Probleme aus dem Strafrecht Allgemeiner Teil, S. 25 ff.

- *Aufsatz zum subjektiven Rechtfertigungselement: Geppert*, Jura 1995, 103 ff.

- *Aufsatz zum Fehlen des subjektiven Rechtfertigungselements: Graul*, JuS 2000, L 41 ff.

- *Aufsatz zum Fehlen des subjektiven Rechtfertigungselements sowie zum Erlaubnistatbestandsirrtum: Scheffler*, Jura 1993, 617 ff.

Fall 11: „Das Eifersuchtsdrama"[1]

▸ **Standort:** Strafrecht AT, Rücktritt

A droht seiner Exfrau B und ihrem neuen Partner M, sie zu töten, wenn sie sich nicht voneinander trennten. B und M nehmen die Drohung des A jedoch nicht ernst und bleiben zusammen. Daraufhin fasst A den Entschluss, möglichst beide, zumindest aber seine Exfrau bei nächster Gelegenheit zu töten.

Zur Ausführung seines Vorhabens fährt A auf den Parkplatz des Betriebes, in dem B beschäftigt ist. Dabei führt er ein Fleischer- sowie ein Küchenmesser mit sich. Während A auf B wartet, trifft M, der die B abholen will, auf dem Parkplatz ein. Als M den A bemerkt, geht er zu ihm und begrüßt ihn freundlich. Nach kurzer Erwiderung des Grußes versetzt A dem M - für diesen völlig unerwartet - einen wuchtigen Stich mit dem Fleischermesser in den Unterleib. M versucht zu fliehen, doch A kann ihn einholen und versetzt ihm einen weiteren Messerstich. M gelingt es, A das Fleischermesser zu entreißen und es über einen Zaun zu werfen. Dann flieht er weiter. A steigt in sein Auto und verfolgt M, um ihn nun durch Überfahren zu töten. M springt über eine Hecke und kauert sich dahinter nieder. A will die Hecke mit seinem Auto durchbrechen und M überrollen. Sein Auto bleibt jedoch in der Hecke stecken.

Weil A befürchtet, seine Exfrau zu verpassen, lässt er von M ab, obwohl er zutreffend erkennt, dass er diesen noch nicht tödlich verwundet hat. A läuft mit dem Küchenmesser zu dem Fahrzeug der B, die er ebenfalls nach kurzer Begrüßung für sie völlig unerwartet attackiert. Er tötet sie mit mehreren Messerstichen.

M, dem A nichts mehr tut, überlebt die lebensgefährlichen Verletzungen.

Strafbarkeit des A? § 240 StGB ist nicht zu prüfen.

---

[1] Fall nach *BGH*St 35, 184 ff.

Erster Tatkomplex: Angriff auf M
I. Strafbarkeit gem. §§ 212 I, 22, 23 I StGB
1. Vorprüfung
   a) Nichtvollendung
   b) Strafbarkeit des Versuchs
2. Tatbestand
   a) Tatentschluss: Vorsatz
   b) Unmittelbares Ansetzen
3. Rechtswidrigkeit
4. Schuld
5. Rücktritt
   a) Kein fehlgeschlagener Versuch: Einzelaktstheorie, Gesamtbetrachtungslehre
   b) Stadium der Tatbegehung
   c) Rücktrittsverhalten
   d) Freiwilligkeit: Normative und psychologisierende Betrachtungsweise
6. Ergebnis
II. Strafbarkeit gem. §§ 223 I, 224 I Nrn. 2, 3, 5 StGB
1. Tatbestand
   a) Objektiver Tatbestand: Erfolg – Handlung – Kausalität –
     § 224 I Nrn. 2, 3, 5 StGB
   b) Subjektiver Tatbestand: Vorsatz
2. Rechtswidrigkeit und Schuld
3. Ergebnis

Zweiter Tatkomplex: Angriff auf B
I. Strafbarkeit gem. §§ 212 I, 211 StGB
1. Tatbestand
   a) Objektiver Tatbestand: Erfolg – Handlung – Kausalität – Heimtücke
   b) Subjektiver Tatbestand: Vorsatz – Heimtücke – Niedrige Beweggründe
2. Rechtswidrigkeit und Schuld
3. Ergebnis
II. Strafbarkeit gem. §§ 223 I, 224 I Nrn. 2 und 5 StGB

Gesamtergebnis

Erster Tatkomplex: Angriff auf M

I. Strafbarkeit gem. §§ 212 I, 22, 23 I StGB

A könnte sich dadurch, dass er auf M mit dem Messer einstach und mit dem PKW auf ihn zufuhr, wegen versuchten Totschlags gem. §§ 212 I, 22, 23 I StGB strafbar gemacht haben.

1. Vorprüfung

a) Nichtvollendung

Die Tat dürfte **nicht vollendet** sein. Eine Tat ist nicht vollendet, wenn der objektive Tatbestand noch nicht vollständig erfüllt ist.[2] M wird von A nicht tödlich verletzt, sondern überlebt die Attacken. Demnach ist der objektive Tatbestand des Totschlags mangels Erfolges nicht erfüllt. Der Totschlag ist somit nicht vollendet.

b) Strafbarkeit des Versuchs

Der versuchte Totschlag müsste **strafbar** sein. Gem. § 23 I StGB sind Verbrechen stets strafbar. Um ein Verbrechen handelt es sich gem. § 12 I StGB, wenn eine Mindeststrafe von einem Jahr oder darüber angedroht wird. Totschlag ist gem. § 212 I StGB mit einer Freiheitsstrafe von mindestens 5 Jahren bedroht. Somit ergibt sich die Strafbarkeit des versuchten Totschlags aus den §§ 212 I, 23 I, 12 I StGB.

2. Tatbestand

a) Tatentschluss

A müsste **Tatentschluss** in bezug auf einen Totschlag an M besessen haben. Der Tatentschluss umfasst den auf die Verwirklichung des objektiven Tatbestandes gerichteten Vorsatz und die besonderen subjektiven Momente, die das Gesetz gegebenenfalls verlangt.[3]
Vorsatz ist der Wille zur Verwirklichung eines Straftatbestandes in Kenntnis aller seiner objektiven Tatumstände.[4] Hier könnte A im Hinblick auf die Tötung des M mit Absicht gehandelt haben. Dann müsste es ihm auf diesen Erfolg gerade angekommen sein.[5] A wollte M zunächst mit dem Fleischermesser und anschließend durch Überfahren töten.

---

[2] *Wessels/Beulke*, AT, Rn. 596.
[3] *Stratenwerth/Kuhlen*, AT, § 11 Rn. 23.
[4] *Wessels/Beulke*, AT, Rn. 203.
[5] Vgl. *Lackner/Kühl*, StGB, § 15 Rn. 20.

Er besaß somit Vorsatz in Form des dolus directus 1. Grades. Besondere subjektive Merkmale sind beim Totschlag nicht zu prüfen. Demnach handelte A mit dem erforderlichen Tatentschluss.

b) Unmittelbares Ansetzen

A müsste nach seiner Vorstellung von der Tat **unmittelbar angesetzt** haben. Nach einem Kombinationsansatz ist unmittelbares Ansetzen gegeben, wenn der Täter subjektiv die Schwelle zum "jetzt geht's los" überschritten und objektiv zur tatbestandsmäßigen Handlung angesetzt hat. Das Verhalten muss nach dem Gesamtplan des Täters so eng mit der tatbestandlichen Ausführungshandlung verknüpft sein, dass es bei ungestörtem Fortgang unmittelbar zur Verwirklichung des gesamten Straftatbestands führen soll oder im unmittelbaren räumlichen und zeitlichen Zusammenhang mit ihr steht.[6] A hat bereits Teile der Tathandlung vorgenommen. Darin ist ohne weiteres ein unmittelbares Ansetzen zu sehen.

3. Rechtswidrigkeit

A müsste rechtswidrig gehandelt haben. Das Eingreifen von Rechtfertigungsgründen ist nicht ersichtlich. A handelte somit rechtswidrig.

4. Schuld

Außerdem müsste A schuldhaft gehandelt haben. Da keine Schuldausschließungsgründe zu seinen Gunsten eingreifen, handelte A auch schuldhaft.

---

[6] *Wessels/Beulke*, AT, Rn. 601.

5. Persönliche Strafaufhebungsgründe: Rücktritt, § 24 StGB

A könnte jedoch gem. § 24 I S. 1 StGB strafbefreiend vom Tötungsversuch zurückgetreten sein, indem er M verletzt liegen ließ, um dazu überzugehen, seine Ex-Frau zu töten.

a) Kein fehlgeschlagener Versuch

> **Aufbauhinweis:** Teilweise wird in der Rechtsfigur des fehlgeschlagenen Versuchs keine eigenständige Fallgruppe, sondern nur ein Unterfall des unfreiwilligen Rücktritts gesehen.[7] Dies führt aber regelmäßig nicht zu anderen Ergebnissen.

Der Tötungsversuch des A dürfte nicht **fehlgeschlagen** sein. Ein Versuch ist fehlgeschlagen, wenn dem Täter die Vorstellung fehlt, die Tatausführung fortsetzen und die Vollendung herbeiführen zu können.[8] Da es A nicht gelang, M durch Erstechen mit dem Fleischermesser oder durch Überfahren mit dem Auto zu töten, könnte der Tötungsversuch fehlgeschlagen sein. Andererseits hätte A den M noch mit dem im Auto befindlichen Küchenmesser erstechen können. Es wäre ihm also durchaus noch möglich gewesen, seine Tat zu vollenden, was er auch wusste. Ob in Fällen, in denen der Täter zwar den Fehlschlag seines bisherigen Tuns erkennen muss, aber zugleich die **Möglichkeit** sieht, den Angriff durch weitere Akte zu wiederholen oder **fortzusetzen**, von einem fehlgeschlagenen Versuch auszugehen ist, wird unterschiedlich beurteilt.[9]

aa) Einzelaktstheorie

Nach der **Einzelaktstheorie** ist jeder Ausführungsakt, den der Täter bei Tatbeginn für erfolgsgeeignet gehalten hat, separat zu erfassen und im Fall des Scheiterns als

---

[7] *Haft*, NStZ 1994, 536 f.; *Peters*, Jura 2002, 105 (107).
[8] *Kühl*, AT, § 16 Rn. 11.
[9] Ausführlich zum folgenden Streit *Hillenkamp*, AT Probleme, S. 121 ff.

selbständiger fehlgeschlagener Versuch zu behandeln.[10] Darauf, dass der Täter unmittelbar auf ein anderes Tatmittel zurückgreifen könnte, kommt es also nicht an.

Da A sowohl den Versuch, M mit dem Fleischermesser zu erstechen, als auch den Versuch, M durch Überfahren zu töten, bei Tatbeginn für erfolgsgeeignet hielt, würde es sich nach dieser Ansicht jeweils um einen fehlgeschlagenen Versuch handeln. A könnte demnach von beiden Versuchen nicht mehr strafbefreiend zurücktreten.

bb) Gesamtbetrachtungslehre

Nach der herrschenden **Gesamtbetrachtungslehre** ist bei einem einheitlichen Tatgeschehen der Versuch nicht fehlgeschlagen, wenn zwar das zunächst ins Auge gefasste Tatmittel nicht zum Erfolg geführt hat, der Täter aber erkennt, dass er direkt im Anschluss an sein bisheriges Tun mit einem neuen Tatmittel oder mit dem bisherigen erneut zum Angriff ausholen kann.[11] Dem Täter bleibt in diesem Fall die Möglichkeit, vom gesamten Vorgang zurückzutreten. Fehlgeschlagen ist nur der Versuch, den der Täter nicht mit sofort verfügbaren Ersatzmitteln fortsetzen kann.

Der Versuch des A, M mit dem Fleischermesser zu erstechen, steht mit dem Versuch, M zu überfahren, in so engem räumlichen und zeitlichen Zusammenhang, dass es sich um ein einheitliches Tatgeschehen handelt. Im unmittelbaren Anschluss hätte A die Möglichkeit gehabt, M mit dem Küchenmesser zu erstechen. Der Versuch wäre nach dieser Ansicht daher insgesamt nicht als fehlgeschlagen zu betrachten.

---

[10] *Jakobs*, AT, Abschn. 26 Rn.15 ff.; *Schönke/Schröder-Eser*, StGB, § 24 Rn. 21.
[11] BGHSt 39, 221 (227 ff.); 40, 75 (76 f.); *Wessels/Beulke*, AT, Rn. 629; *Gropp*, AT, § 9 Rn. 61a.; *Roxin*, AT II, § 30 Rn. 187 ff.; *Kühl*, AT, § 16 Rn. 18 ff.

cc) Diskussion/ Zwischenergebnis

Da die Einzelaktstheorie und die Gesamtbetrachtungslehre zu unterschiedlichen Ergebnissen gelangen, ist eine Entscheidung zwischen ihnen erforderlich.

Für die Einzelaktstheorie könnte sprechen, dass ein Täter, der sich so weit vorwagt, dass er es nur dem Zufall zu verdanken hat, wenn dem Opfer nichts passiert, **Straffreiheit nicht** schon dann **verdient** hat, wenn er die Tat nur nicht noch einmal versucht.[12] Zudem lässt sich anführen, dass durch eine Gesamtbetrachtung der besonders kreative Täter, der sich immer wieder neue Handlungsmöglichkeiten einfallen lässt, privilegiert wird.[13]

Die besseren Argumente sprechen jedoch gegen die Einzelaktstheorie. Diese reißt zunächst einen einheitlichen Lebensvorgang künstlich auseinander.[14] Außerdem kommt es zu **Friktionen mit § 24 I S. 1 Alt. 2 StGB**, da auf der Basis der Einzelaktstheorie der Täter, der das Opfer gar nicht trifft, keine Rücktrittsmöglichkeit hätte, während derjenige, der das Opfer immerhin verletzt, durch Vollendungsverhinderung zurücktreten könnte.[15] Schließlich ist die Gesamtbetrachtungslehre unter Gesichtspunkten des **Opferschutzes** als vorzugswürdig anzusehen. Würde man die Straffreiheit bereits nach einem erfolgstauglichen Ausführungsakt versagen, so setzte man das Opfer möglicherweise weiteren Gefahren aus, weil der Täter auf den Gedanken kommen könnte, das Opfer als einzigen Zeugen seiner Straftat zu beseitigen.[16] Es ist daher der Gesamtbetrachtungslehre zu folgen.[17]

---

[12] *Kühl*, AT, § 16 Rn. 19.
[13] Vgl. *Schönke/Schröder-Eser*, StGB, § 24 Rn. 18a.
[14] *Wessels/Beulke*, AT, Rn. 629.
[15] *Kühl*, AT, § 16 RN. 19; *Roxin*, AT II, § 30 Rn. 204
[16] *Kühl*, AT, § 16 Rn. 20; *Roxin*, AT II, § 30 Rn. 188, 207; *Haft*, AT, S. 246.
[17] Eine andere Ansicht ist hier mit entsprechender Argumentation vertretbar. Aus klausurtaktischen Gründen erscheint es jedoch vorzugswürdig, keinen fehlgeschlagenen Versuch anzunehmen, da nur so das sich aufdrängende Problem im Rahmen der Freiwilligkeit behandelt werden kann.

Ein fehlgeschlagener Versuch liegt somit nicht vor.

b) Stadium der Tatbegehung

Da die Anforderungen an das Rücktrittsverhalten davon abhängen, in welchem Stadium der Tatbegehung sich der Täter befindet, muss zunächst die Frage geklärt werden, ob der Versuch des A, M zu töten **unbeendet** oder bereits **beendet** war. Unbeendet ist der Versuch, wenn der Täter noch nicht alles getan zu haben glaubt, was nach seiner Vorstellung von der Tat zu ihrer Vollendung notwendig ist.[18] Meint der Täter dagegen, alles getan zu haben, was nach seiner Vorstellung von der Tat zur Herbeiführung des tatbestandlichen Erfolges notwendig oder möglicherweise ausreichend ist, ist der Versuch beendet.[19] Dabei kommt es nach der vorzugswürdigen Gesamtbetrachtungslehre auf die Vorstellung des Täters nach Abschluss der letzten Ausführungshandlung an (sog. **Rücktrittshorizont**).[20]

Als A aufhörte, M zu attackieren, meinte er zutreffend, dass M noch nicht tödlich verwundet war. Demnach befand sich sein Tötungsversuch erst im Stadium des unbeendeten Versuchs.

c) Rücktrittsverhalten

Beim unbeendeten Versuch muss der Täter gem. § 24 I S. 1 Alt. 1 StGB die weitere Ausführung der Tat **aufgeben**. A müsste die Tötung des M also aufgegeben haben. Aufgabe der Tat bedeutet, von der weiteren Realisierung des Entschlusses, den gesetzlichen Tatbestand zu verwirklichen, auf Grund eines entsprechenden Gegenentschlusses Abstand zu nehmen.[21] A sah von weiteren Angriffen auf das Leben des M ab. Er gab somit den Versuch, M zu töten, auf.

---

[18] *Wessels/Beulke*, AT, Rn. 631.
[19] *Wessels/Beulke*, AT, Rn. 631.
[20] *Kühl*, AT, § 16 RN. 27.
[21] *Wessels/Beulke*, AT, Rn. 641.

d) Freiwilligkeit

Schließlich müsste A die Tat **freiwillig** aufgegeben haben. A hörte nur auf, M zu attackieren, weil er das für ihn vorrangige Opfer, seine Exfrau, nicht verpassen wollte. Es fragt sich, ob dieses Verhalten als freiwillig anzusehen ist. Welcher Maßstab an das Merkmal der Freiwilligkeit zu legen ist, ist umstritten.

aa) Normative Betrachtungsweise

Ein Teil der Literatur nimmt eine **normative Betrachtungsweise** vor und meint, dass es sich bei der Feststellung der Freiwilligung um ein Wertungsproblem handelt.[22] Es soll darauf ankommen, ob der Täter die Straffreiheit im Blick auf die das Rücktrittsprivileg tragenden Gründe verdient.[23] Der Täter müsse zur Achtung der rechtlichen Gebote und Verbote zurückgefunden und sich dadurch als ungefährlich erwiesen haben, so dass seine Bestrafung zur Erreichung der Strafzwecke nicht mehr erforderlich sei.[24] Verlangt wird letztlich eine Rückkehr des Täters in die Legalität.[25] Freiwilligkeit soll daher nicht vorliegen, wenn ein Abstandnehmen von der weiteren Tatausführung der kühl kalkulierenden **Verbrechervernunft** entspricht.[26]

A hörte auf, M zu attackieren, um ein anderes Verbrechen zu begehen. Er erwies sich dadurch als besonders gefährlich.[27] Nach dieser Theorie ist die Freiwilligkeit des Rücktritts demnach zu verneinen.

---

[22] *Roxin,* AT II, § 30 Rn. 379 ff.; SK-*Rudolphi,* StGB, § 24 Rn. 25; *Freund,* AT, § 9 Rn. 53 ff.; *Jakobs,* AT, Abschn. 26 Rn. 34 ff.
[23] *Freund,* AT, § 9 Rn. 53 ff.; SK-*Rudolphi,* StGB, § 24 Rn. 25.
[24] SK-*Rudolphi,* StGB, § 24 Rn. 25.
[25] *Roxin,* AT II, § 30 Rn. 379.
[26] *Roxin,* AT II, § 30 Rn. 383; SK-*Rudolphi,* StGB, § 24 Rn. 25.
[27] Vgl. zur vorliegenden Fallgestaltung: *Baumann/Weber/Mitsch,* AT, § 27 Rn. 17; *Stratenwerth/Kuhlen,* AT, § 11 Rn. 86; *Roxin,* AT II, § 30 Rn. 384.

bb) Psychologisierende Betrachtungsweise

Nach der **psychologisierenden Betrachtungsweise** handelt freiwillig, wer durch autonome Motive zum Rücktritt bewegt wird, d.h. wer in freier Selbstbestimmung von der Tat ablässt.[28] Entscheidend sei, ob der Täter noch Herr seiner Entschlüsse ist und die Ausführung seines Tatplanes noch für möglich hält.[29] Ob der Rücktritt auf einem billigenswerten Motiv beruht, soll dagegen für die Bejahung der Freiwilligkeit keine Rolle spielen.[30] Unfreiwillig sei der Rücktritt, wenn er durch heteronome, vom Willen des Täters unabhängige Motive, veranlasst werde. Dies sei der Fall, wenn der Täter durch eine äußere Zwangslage gehindert oder durch seelischen Druck unfähig wurde, die Tat zu vollenden.[31]

Der Entschluss, von M abzulassen um stattdessen B zu töten, beruhte auf der freien Willensentschließung des A und wurde daher von autonomen Motiven getragen. Die Tataufgabe des A wäre nach dieser Theorie somit als freiwillig anzusehen.

cc) Diskussion/ Zwischenergebnis

Da die normative und die psychologisierende Betrachtungsweise zu unterschiedlichen Ergebnissen führen, muss entschieden werden, welcher Auffassung der Vorzug zu geben ist.

Gegen die psychologisierende Betrachtungsweise spricht zunächst, dass die Grenzziehung, wann ein Umstand von der noch freien Entschließung in ein Genötigtsein umschlägt, wegen der fließenden Übergänge schwierig sein kann.[32] Allerdings ist auch die normative Betrachtungsweise nicht in der Lage, präzise Abgrenzungskriterien zu liefern.[33]

---

[28] *BGHSt* 7, 296 (299); 20, 279 (280); 35, 184 (186); *Wessels/Beulke,* AT, Rn. 651; *Lackner/Kühl*, StGB, § 24 Rn. 18.
[29] *BGHSt* 35, 184 (186).
[30] *BGHSt* 35, 184 (186).
[31] *BGHSt* 7, 296 (299).
[32] *Stratenwerth/Kuhlen,* AT, § 11 Rn. 86; *Roxin,* AT II, § 30 Rn. 368 ff.
[33] *Wessels/Beulke,* AT, Rn. 652.

Weiterhin wird gegen die psychologisierende Betrachtungsweise angeführt, dass sie bei konsequenter Durchführung zu ungereimten Ergebnissen führe, die mit der Ratio des Rücktrittsprivilegs nicht in Einklang zu bringen seien.[34] So ist es auch im vorliegenden Fall nur schwer mit dem Gerechtigkeitsgefühl zu vereinbaren, dass A deshalb nicht wegen versuchten Totschlags an M bestraft werden soll, weil er sich der Tötung eines ihm wichtiger erscheinenden Opfers zuwendete.

Andererseits zieht diese neue Tat eine eigene Bestrafung nach sich. Dadurch kann ausreichend berücksichtigt werden, dass sich der Täter als besonders gefährlich erwiesen hat. Insbesondere spricht für die psychologisierende Ansicht aber, dass der in § 24 StGB verwendete Begriff der Freiwilligkeit zur Abgrenzung nach psychologisierenden Kriterien zwingt und eine rein normative Deutung nicht zulässt.[35] Eine normative Betrachtungsweise ist vom **Wortlaut** des Gesetzes nicht mehr gedeckt.[36] Demnach ist der psychologisierenden Betrachtungsweise zu folgen und die Freiwilligkeit zu bejahen.[37]

A ist somit strafbefreiend vom versuchten Totschlag zurückgetreten.

6. Ergebnis

A hat sich nicht wegen versuchten Totschlags gem. §§ 212 I, 22, 23 I StGB strafbar gemacht, indem er auf M mit dem Messer einstach und mit dem PKW auf ihn zufuhr.

> **Merke:** Da der Rücktritt auch den heimtückischen, aus niedrigen Beweggründen erfolgten Mordversuch gem. §§ 212, 211, 22, 23 StGB umfasst, muss dieser nicht mehr angeprüft werden.

---

[34] *Roxin,* AT II, § 30 Rn. 366 f.; vgl. auch *BGHSt* 35, 184 (187).
[35] *BGHSt* 35, 184 (187).
[36] *BGHSt* 35, 184, (187); *Lackner/Kühl,* StGB, § 24 Rn. 18.
[37] Ein anderes Ergebnis wäre hier selbstverständlich vertretbar.

> Der Rücktritt vom Tötungsversuch bewirkt gem. § 24 StGB jedoch lediglich, dass der Täter nicht wegen Versuchs bestraft wird. Verwirklicht er bei diesem Versuch andere Delikte, so wird er wegen deren Vollendung bestraft.

II. Strafbarkeit gem. §§ 223 I, 224 I Nrn. 2, 3, 5 StGB

A könnte sich, indem er auf M einstach wegen gefährlicher Körperverletzung gem. §§ 223 I, 224 I Nrn. 2, 3, 5 StGB strafbar gemacht haben.

1. Tatbestand

a) Objektiver Tatbestand

aa) Erfolg

Es müsste eine körperliche Misshandlung oder eine Gesundheitsschädigung des M gegeben sein.

(1) Körperliche Misshandlung

Eine **körperliche Misshandlung** ist eine üble, unangemessene Behandlung, durch die das Opfer in seinem körperlichen Wohlbefinden in mehr als nur unerheblichem Grad beeinträchtigt wird.[38] Stiche mit einem großen Messer sind eine vollkommen unangebrachte Behandlung des menschlichen Körpers und daher übel und unangemessen. Sie verursachen erhebliche Schmerzen, die das körperliche Wohlbefinden ganz erheblich beeinträchtigen. Die Messerstiche sind demnach als körperliche Misshandlung anzusehen.

(2) Gesundheitsschädigung

Eine **Gesundheitsschädigung** ist jedes Hervorrufen oder Steigern eines krankhaften Zustandes.[39] Durch die Messerstiche wurden bei M erhebliche behandlungsbedürftige

---

[38] Schönke/Schröder-*Eser*, StGB, § 223 Rn. 3.
[39] Schönke/Schröder-*Eser*, StGB, § 223 Rn. 5.

Wunden hervorgerufen. Diese stellen einen krankhaften Zustand dar, so dass M auch an der Gesundheit geschädigt wurde.

bb) Handlung

Handlung im Sinne des Strafrechts ist jedes vom menschlichen Willen beherrschte oder beherrschbare aktive Tun oder Unterlassen.[40] Die Messerstiche des A auf M stellen ein aktives Tun dar, welches A auch mit seinem Willen beherrschte. Damit lag eine Handlung des A vor.

> **Hinweis:** Das Vorliegen einer Handlung muss in einem so unproblematischen Fall nicht unbedingt geprüft werden. Es ist hier nur der Vollständigkeit halber erwähnt.

cc) Kausalität

Weiterhin müsste die Handlung des A kausal für die Verletzungen des M gewesen sein. **Kausal** im Sinne der Conditio-sine-qua-non-Formel ist jede Bedingung eines Erfolges, die nicht hinweggedacht werden kann, ohne dass der Erfolg in seiner konkreten Gestalt entfiele.[41] Hätte A nicht mit dem Messer auf M eingestochen, wäre es nicht zu den Verletzungen bei M gekommen. Demnach war A´s Handlung kausal für den Eintritt des tatbestandlichen Erfolges bei M.

dd) Qualifikationsmerkmale des § 224 I StGB

A könnte auch den objektiven Tatbestand der gefährlichen Körperverletzung verwirklicht haben. Hierfür müsste er eines der in § 224 I StGB aufgeführten Qualifikationsmerkmale erfüllt haben.

---

[40]   *Joecks*, StGB, Rn. 16.
[41]   *RG*St 1, 373; *BGH*St 1, 332; 45, 270 (294 f.).

(1) Waffe oder gefährliches Werkzeug, § 224 I Nr. 2 StGB

A könnte die Körperverletzung mittels einer Waffe oder eines gefährlichen Werkzeugs begangen haben.

Zunächst könnte es sich bei dem Fleischermesser um eine **Waffe** handeln. Waffen sind gebrauchsbereite Werkzeuge, die nach der Art ihrer Anfertigung nicht nur geeignet, sondern auch allgemein dazu bestimmt sind, Menschen durch ihre mechanische oder chemische Wirkung körperlich zu verletzen.[42] Die Bestimmung eines Fleischermessers ist es jedoch nicht, Verletzungen beizubringen. Demnach handelt es sich nicht um eine Waffe.

Bei dem Fleischermesser könnte es sich jedoch um ein **gefährliches Werkzeug** handeln. Ein gefährliches Werkzeug ist jeder Gegenstand, der nach objektiver Beschaffenheit und nach Art der Benutzung im konkreten Fall geeignet ist, erhebliche Verletzungen herbeizuführen.[43] Durch Stiche mit einem Fleischermesser in den Unterleib können schwere Verletzungen verursacht werden. Es ist somit als gefährliches Werkzeug anzusehen.

(2) Hinterlistiger Überfall, § 224 I Nr. 3 StGB

Außerdem könnte A die Körperverletzung mittels eines **hinterlistigen Überfalles** begangen haben. Überfall ist ein unvorhergesehener Angriff, auf den sich das Opfer nicht vorbereiten kann.[44] M rechnete nicht mit einem Angriff und konnte sich somit auch nicht auf diesen einstellen. Ein Überfall lag somit vor. **Hinterlistig** ist ein Überfall, wenn der Täter planmäßig, in einer auf Verdeckung der wahren Absichten berechneten Weise vorgeht, um gerade hierdurch dem Angegriffenen die Abwehr des nicht erwarteten Angriffs zu erschweren.[45] A ergriff keine besonderen Maßnahmen, um seine wahren Absichten zu verdecken. Er hatte sein

---

[42] *BGHSt* 4, 125 (127).
[43] *Lackner/Kühl,* StGB, § 224 Rn. 4, 5.
[44] *Joecks,* StGB, § 224 Rn. 27.
[45] Schönke/Schröder-*Stree,* StGB, § 224 Rn. 10.

Tötungsvorhaben sogar im Vorfeld angekündigt. Allein die Tatsache, dass A das Messer in der konkreten Situation relativ plötzlich zog, führt nicht zur Hinterlistigkeit des Überfalls. A hat die Körperverletzung somit nicht mittels eines hinterlistigen Überfalls begangen.

(3) Lebensgefährdende Behandlung, § 224 I Nr. 5 StGB

Schließlich könnte A die Körperverletzung mittels einer das **Leben gefährdenden Behandlung** begangen haben.

(a) Die herrschende Meinung

Überwiegend wird es für ausreichend gehalten, dass die Verletzungshandlung den konkreten Umständen nach **objektiv geeignet** war, das **Leben** des Opfers **in Gefahr zu bringen**.[46] Dass es tatsächlich zu einer Lebensgefahr des Opfers gekommen ist, wird also nicht verlangt. Durch Messerstiche in den Unterleib können wichtige Organe verletzt werden. Diese sind daher objektiv geeignet, lebensgefährliche Verletzungen herbeizuführen. Die Stiche in den Unterleib stellen nach dieser Ansicht also eine das Leben gefährdende Behandlung dar.

(b) Die Mindermeinung

Dagegen verlangt eine Mindermeinung in der Literatur den Eintritt einer **konkreten Lebensgefährdung**.[47] Lebensgefährdend müsse aber nur die Handlung, nicht auch der Verletzungserfolg sein. Laut Sachverhalt haben die Stiche tatsächlich zu lebensgefährlichen Verletzungen geführt. Eine konkrete Lebensgefahr lag somit vor. Auch nach dieser Ansicht ist damit eine lebensgefährdende Behandlung gegeben.

---

[46] *BGHSt* 2, 160 (163); *Wessels/Hettinger*, BT/1, Rn. 282.
[47] Schönke/Schröder-*Stree*, StGB, § 224 Rn. 12.

(c) Diskussion/ Zwischenergebnis

Da somit beide Auffassungen zu dem Ergebnis gelangen, dass A die Körperverletzung mittels einer das Leben gefährdenden Behandlung begangen hat, ist eine Streitentscheidung nicht erforderlich. Auch § 224 I Nr. 5 StGB ist demnach erfüllt.

b) Subjektiver Tatbestand

A müsste vorsätzlich gehandelt haben.

aa) Vorsatz bzgl. § 223 I StGB

Er müsste zunächst Vorsatz hinsichtlich der körperlichen Misshandlung und Gesundheitsschädigung des M besessen haben. Eigentlich wollte A den M töten. Die Körperverletzung bildet jedoch schon objektiv ein notwendiges **Durchgangsstadium** zur Tötung. Der Tötungsvorsatz schließt den Körperverletzungsvorsatz daher notwendig ein.[48] Da A die Tötung und damit auch die Körperverletzung als notwendiges Durchgangsstadium bezweckte, handelte er im Hinblick auf die körperliche Misshandlung und die Gesundheitsschädigung mit Absicht.

bb) Vorsatz bzgl. § 224 I Nr. 2 StGB

A müsste außerdem Vorsatz bezüglich der Tatbegehung mittels eines gefährlichen Werkzeugs gehabt haben. A war bekannt, dass ein Messer geeignet ist, bei entsprechender Verwendung erhebliche Verletzungen hervorzurufen und dies bezweckte er auch. Hinsichtlich der Begehung der Körperverletzung mittels eines gefährlichen Werkzeugs handelte A daher absichtlich.

---

[48] *BGH*St 16, 122 (123); *Lackner/Kühl*, StGB, § 212 Rn. 7 f. Kritisch zu dieser Sichtweise *Arzt/Weber*, BT, § 2 Rn. 86.

cc) Vorsatz bzgl. § 224 I Nr. 5 StGB

Schließlich müsste A Vorsatz hinsichtlich der Begehung der Körperverletzung mittels einer das Leben gefährdenden Behandlung besessen haben. Es ist allerdings umstritten, welche Anforderungen an den Inhalt des Vorsatzes bei § 224 I Nr. 5 StGB zu stellen sind.

(1) Ansicht der Rechtsprechung

Die Rechtsprechung lässt es genügen, dass der Täter die **Umstände kennt**, aus denen sich die Lebensgefährlichkeit der Handlung für das Opfer ergibt.[49] A wusste, dass Messerstiche in den Unterleibsbereich geeignet sind, das Leben des Opfers zu gefährden. Er kannte also die die Gefährlichkeit seines Handelns begründenden Umstände. A handelte somit vorsätzlich im Sinne der Rechtsprechung.

(2) Gegenansicht in der Literatur

Eine Ansicht in der Literatur fordert für die vorsätzliche Begehung des § 224 I Nr. 5 StGB, dass der Täter sich nach den Grundsätzen über die **Parallelwertung in der Laiensphäre** der Bedeutung seines Verhaltens bewusst gewesen sein, also die Gefährlichkeit seines Handelns für das Leben des Opfers wenigstens für möglich gehalten und in Kauf genommen haben muss.[50] A wusste nicht nur, dass Messerstiche in den Unterleibsbereich geeignet sind, das Leben des Opfers zu gefährden. Ihm kam es sogar gerade auf eine Lebensgefährdung des M an, da er als Endziel dessen Tod anstrebte. Damit handelte A auch nach der Auffassung der Literatur mit Vorsatz.

(3) Diskussion/ Zwischenergebnis

Da somit beide Auffassungen zu dem Ergebnis gelangen, dass A hinsichtlich der Tatbegehung mittels einer das Leben

---

[49] *BGHSt* 19, 352; NJW 1968, 1631.
[50] *Wessels/Hettinger*, BT/1, Rn. 284.

gefährdenden Behandlung vorsätzlich handelte, bedarf es keines Streitentscheids. § 224 I Nr. 5 StGB ist auch in subjektiver Hinsicht erfüllt.

2. Rechtswidrigkeit und Schuld

A handelte rechtswidrig und schuldhaft.

3. Ergebnis

A hat sich, indem er mit dem Messer auf M einstach, wegen gefährlicher Körperverletzung gem. §§ 223 I, 224 I Nrn. 2 und 5 StGB strafbar gemacht.

Zweiter Tatkomplex: Angriff auf B

I. Strafbarkeit gem. §§ 212 I, 211 StGB

A könnte sich, indem er mit dem Messer auf B einstach, wegen Mordes gem. §§ 212 I, 211 StGB strafbar gemacht haben.

1. Tatbestand

a) Objektiver Tatbestand

aa) Erfolg

Es müsste der tatbestandliche Erfolg des § 212 I StGB, der Tod eines anderen Menschen, eingetreten sein. Mit B ist ein anderer Mensch gestorben. Somit ist der tatbestandliche Erfolg des § 212 I StGB gegeben.

bb) Handlung

Zudem müsste eine Handlung des A vorliegen. Die Messerstiche des A gegen B stellen ein aktives Tun dar, welches A auch mit seinem Willen beherrschte. Damit liegt eine Handlung des A vor.[51]

cc) Kausalität

Weiterhin müsste die Handlung des A kausal für den tatbestandlichen Erfolg gewesen sein. Die Messerstiche des A gegen B können nicht hinweggedacht werden, ohne dass der Tod der B entfiele. Damit ist A´s Handlung kausal für den Tod der B.

dd) Objektive Voraussetzungen der Heimtücke

Indem A die B überraschend mit dem Messer attackierte, könnte er außerdem **heimtückisch** gehandelt haben.

(1) Ansicht der Rechtsprechung

Nach Ansicht der Rechtsprechung handelt heimtückisch, wer in feindlicher Willensrichtung die Arg- und Wehrlosigkeit des Opfers bewusst zur Tötung ausnutzt.[52] Objektive Kriterien sind die Arg- und Wehrlosigkeit des Opfers.

Arglos ist, wer sich zum Zeitpunkt der Tat keines Angriffs von Seiten des Täters versieht.[53] B rechnete nicht mit einem Angriff des A. Sie war somit arglos.

Wehrlos ist, wer bei Beginn des Angriffs infolge seiner Arglosigkeit in seiner natürlichen Abwehrbereitschaft und -fähigkeit stark eingeschränkt ist.[54] Da B nicht damit rechnete, von A angegriffen zu werden, ergriff sie keinerlei Abwehrmaßnahmen. Sie konnte die Attacke des A daher weder abwehren noch ihr ausweichen. B war somit auch wehrlos.

---

[51] Auch hier wäre es vertretbar, das Vorliegen einer Handlung nicht zu prüfen. Vgl. dazu bereits den Hinweis oben.

[52] *BGHSt* 9, 385 (390); 32, 382; 39, 353 (368).

[53] *BGHSt* 32, 382; 39, 353 (368).

[54] *Lackner/Kühl*, StGB, § 211 Rn. 8.

(2) Verwerflicher Vertrauensbruch

Teilweise wird darüber hinaus ein **verwerflicher Vertrauensbruch** gefordert.[55] Der Täter müsse für die Tatbegehung ein Vertrauen, welches das Opfer gerade ihm entgegenbringe, missbrauchen.[56] B kannte A und war ihm gegenüber trotz seiner Drohung nicht misstrauisch. Das ihm entgegengebrachte Vertrauen nutzte B aus, indem er A direkt nach der Begrüßung erstach. Auch ein verwerflicher Vertrauensbruch liegt demnach vor.
Die objektiven Kriterien der Heimtücke sind damit erfüllt.[57]

b) Subjektiver Tatbestand

aa) Vorsatz hinsichtlich der Tötung

A müsste zunächst vorsätzlich hinsichtlich der Tötung der B gehandelt haben. A wusste, dass er B durch die Messerstiche töten würde und er bezweckte ihre Tötung auch. A handelte hinsichtlich der Tötung somit absichtlich.

bb) Subjektive Voraussetzungen der Heimtücke

A müsste außerdem Vorsatz bezüglich der Arg- und Wehrlosigkeit der B besessen haben. A erkannte und wusste damit, dass B nicht mit einem Angriff von seiner Seite rechnete, also arglos war. Er wusste ebenfalls, dass dadurch die Abwehrmöglichkeiten der B eingeschränkt waren. A hatte somit Vorsatz im Hinblick auf die Arg- und Wehrlosigkeit der B.

Zusätzlich müssten die besonderen subjektiven Kriterien des Mordmerkmals der Heimtücke erfüllt sein.

A müsste die Arg- und Wehrlosigkeit der B **bewusst ausgenutzt** haben. Das Ausnutzungsbewusstsein setzt voraus, dass der Täter die Arg- und Wehrlosigkeit seines Opfers

---

[55] Vgl. etwa Schönke/Schröder-*Eser*, StGB, § 211 Rn. 26.
[56] Schönke/Schröder-*Eser*, StGB, § 211 Rn. 26.
[57] Vgl. näher zur Einordnung der Heimtücke in den Prüfungsaufbau sowie zum Kriterium des verwerflichen Vertrauensbruchs Fall 10.

nicht nur in äußerlicher Weise wahrgenommen, sondern in ihrer Bedeutung für die hilflose Lage des Angegriffenen erfasst und dies bewusst für die Tatbegehung ausgenutzt hat.[58] A machte es sich zu Nutze, dass B seine Drohung nicht ernst genommen hatte und nicht mit einem Angriff rechnete. A nutzte die Arg- und Wehrlosigkeit der B damit bewusst aus.

Außerdem müsste A in **feindlicher Willensrichtung** gehandelt haben. An der feindlichen Willensrichtung fehlt es, wenn der Täter zum Besten des Opfers zu handeln glaubt.[59] Dass A die B zu deren vermeintlich Bestem töten wollte, ist nicht ersichtlich. A handelte somit in feindseliger Willensrichtung. Demnach tötete A die B auf heimtückische Weise.

cc) Niedrige Beweggründe

A könnte außerdem aus **niedrigen Beweggründen** heraus gehandelt haben. Niedrig sind Beweggründe, die nach allgemeiner sittlicher Wertung auf tiefster Stufe stehen und deshalb besonders verwerflich, ja verächtlich sind.[60] Die Niedrigkeit des Beweggrundes ist nach den Gesamtumständen der Tat zu bestimmen.[61] A tötete seine Exfrau, um sich zu rächen, bzw. sie dafür zu bestrafen, dass sie sich nicht von ihrem neuen Freund getrennt hatte. Bei **Eifersucht** kommt es entscheidend auf die Einzelumstände an: Niedrige Beweggründe sollen nur dann anzunehmen sein, wenn der Täter nach seinen Beziehungen zu der geliebten Person und nach den konkreten Lebensumständen keinen menschlich begreiflichen Anlass zu seiner ins Maßlose gewachsenen Eifersucht gehabt, dieser Gefühlsregung vielmehr aus krasser Eigensucht und hemmungsloser Triebhaftigkeit Raum gegeben hat.[62] A tötete das Objekt seiner „Liebe", damit sie kein anderer haben solle. Zumindest diese Form

---

[58] Vgl. Schönke/Schröder-*Eser*, StGB, § 211 Rn. 25.
[59] *BGHSt* 30, 105 (119).
[60] *Lackner/Kühl*, StGB, § 211 Rn. 5.
[61] *Lackner/Kühl*, StGB, § 211 Rn. 5.
[62] *BGHSt* 3, 180 (182 f.).

der Eifersucht zeigt eine übersteigerte Selbstsucht und ist daher als besonders verwerflich anzusehen. Niedrige Beweggründe liegen somit vor.

Damit ist auch der subjektive Tatbestand erfüllt.

2. Rechtswidrigkeit und Schuld

A handelte rechtswidrig und schuldhaft.

3. Ergebnis

A hat sich wegen Mordes gem. §§ 212 I, 211 StGB strafbar gemacht, indem er mit dem Messer auf B einstach.

II. Strafbarkeit des A gem. §§ 223 I, 224 I Nrn. 2, 5 StGB

A hat sich durch sein Verhalten auch gem. §§ 223 I, 224 I Nrn. 2 und 5 StGB wegen gefährlicher Körperverletzung strafbar gemacht. Die gefährliche Körperverletzung tritt aber als **subsidiäres** Delikt hinter den vollendeten Mord zurück.[63]

Gesamtergebnis

A hat sich gem. §§ 223, 224 I Nr. 2 und 5 StGB wegen gefährlicher Körperverletzung und gem. §§ 212 I, 211 StGB wegen Mordes strafbar gemacht. Zwischen den beiden Taten besteht Realkonkurrenz (§ 53 StGB).

Vertiefungshinweise

- *Grundfälle zum Rücktritt vom Versuch*: *Kudlich*, JuS 1999, 240 ff., 349 ff., 449 ff.

- *Aufsatz zum fehlgeschlagen Versuch*: *Otto*, Jura 1992, 423 ff.

- *Problemdarstellung zum fehlgeschlagenen Versuch bei weiterer Handlungsmöglichkeit*: *Hillenkamp*, 32 Probleme aus dem Strafrecht Allgemeiner Teil, S. 121 ff.

- *Aufsatz zur Freiwilligkeit des Rücktritts*: *Jäger*, ZStW 112 (2000), 783 ff.

---

[63] *Lackner/Kühl*, StGB, § 212 Rn. 9.

Fall 12: „Vater und Sohn"[1]

▶ **Standort:** Strafrecht AT, Unterlassung, Versuch und Rücktritt

Wegen des ständigen Alkoholkonsums und der finanziell recht aufwändigen Spiel-Leidenschaft der „Männer im Haus" war es zwischen der Mutter (F) auf der einen Seite und ihrem Ehemann (M) und dem gemeinsamen Sohn (S) auf der anderen Seite schon des Öfteren zu Streitigkeiten gekommen. Eines Abends, als der S nicht im Haus war, eskalierte der Streit zwischen F und M. Nach einer kurzen verbalen Auseinandersetzung schlug M der F mit der Faust ins Gesicht, woraufhin diese aus Angst vor ihrem Mann in das Badezimmer der gemeinsamen Wohnung floh. Dort zwängte sie sich in eine Nische zwischen Hauswand und Heizkörper, in der der M sie derart herunterdrückte, dass sie hockend und eingeklemmt war und mit einzelnen Körperpartien den Heizkörper berührte. M riss den Thermostaten der auf höchster Stufe laufenden Heizung (Vorlauftemperatur 80 C°) ab und verließ gegen 23 Uhr wutentbrannt die Wohnung, um die Nacht an diversen Spielautomaten zu verbringen. Schon beim Abreißen des Thermostaten war ihm bewusst, dass F sich nicht selbst würde befreien können und daher das hohe Risiko bestand, dass sie aufgrund von Verbrennungen zu Tode kommen könnte. In seinem Zorn war ihm dies aber egal gewesen.

Als der S gegen Mitternacht angetrunken die Wohnung betritt, findet er die F in ihrer hilflosen Lage und erkennt, dass sie bereits lebensgefährlich verletzt ist und dringend Hilfe benötigt. S meint zwar, seiner Mutter noch helfen zu können, tut aber nichts, da er noch immer gekränkt darüber ist, dass seine Mutter ihn als „Bummelant" bezeichnet hatte, bloß weil er, S, im Gegensatz zu allen seinen Freunden noch zuhause lebt. S legt sich – unberührt von Rufen aus dem Bad – schlafen.

---

[1] Fall nach *BGH* NStZ 1997, 485.

Durch das fortdauernde Jammern der F geweckt, klingelt Nachbar N zwei Stunden später an der Wohnungstür und begehrt Einlass. S, dessen Verärgerung inzwischen einem schlechten Gewissen gewichen ist, öffnet dem N die Tür, um die seiner Meinung nach immer noch durchführbare Rettung der F durch N zu ermöglichen. Trotz der sofortigen Befreiung durch N und des schnell von ihm gerufenen Notarztes erliegt F am selben Vormittag im Krankenhaus ihren Verletzungen.

Ein Gutachter stellt später fest, dass für F schon ab Mitternacht nur noch eine Überlebenschance von 70 % bestand, die dann sukzessive abnahm.

Eine Strafbarkeit des M gemäß § 212 I StGB sei unterstellt. Prüfen Sie die Strafbarkeit des S! Allein anzuwendende BT-Norm ist § 212 StGB.

I. Totschlag durch Unterlassen an F, §§ 212 I, 13 I StGB
1. Vorprüfung: Tun oder Unterlassen?
2. Tatbestand
    - Objektiver Tatbestand: Keine Rettungsmöglichkeit für S
3. Ergebnis

II. Versuchter Totschlag durch Unterlassen an F, §§ 212 I, 13 I, 22, 23 I StGB
1. Vorprüfung
    a) Fehlen der Vollendung: Tod der F ist S nicht zuzurechnen
    b) Strafbarkeit des (untauglichen) Versuchs
2. Tatbestand
    a) Tatentschluss
    b) Unmittelbares Ansetzen: Versuchsbeginn beim
        Unterlassungsdelikt?
3. Rechtswidrigkeit
4. Schuld
5. Persönliche Strafaufhebungsgründe: Rücktritt, § 24 StGB
    a) Kein Fehlschlag des Versuchs
    b) Rücktritt nach § 24 I oder § 24 II StGB: S ist Alleintäter
    c) Anzuwendende Variante des § 24 I StGB: § 24 I S. 2 StGB
    d) Voraussetzungen des § 24 I S. 2 StGB: Kein ernsthaftes
        Bemühen
6. Ergebnis
III. Endergebnis

> **Hinweis:** Dieser Fall ist sicher nicht leicht. Versuchen Sie trotzdem, ihr bereits aus den bisherigen Fällen erarbeitetes Wissen auf die vielen der hier behandelten Probleme der Unterlassungsdogmatik eigenständig anzuwenden, bevor Sie die Lösung durcharbeiten.

I. Totschlag durch Unterlassen an F, §§ 212 I, 13 I StGB

Indem der S der F trotz ihrer schweren Verletzungen nicht half und diese schließlich verstarb, könnte er sich wegen Totschlags durch Unterlassen gemäß §§ 212 I, 13 I StGB strafbar gemacht haben.

1. Vorprüfung

Tun oder Unterlassen?

Zunächst ist zu klären, ob S ein Tun oder ein Unterlassen zum Vorwurf gemacht werden kann. Über das wesentliche Abgrenzungskriterium hierfür besteht keine Einigkeit.

aa) Schwerpunkt der Vorwerfbarkeit

Nach der herrschenden Meinung ist für die Abgrenzung von Tun und Unterlassen im Rahmen einer normativen Betrachtung auf den **„Schwerpunkt des strafrechtlich relevanten Verhaltens"** abzustellen.[2] Vorwerfbar ist dem S hier allein, dass er (zunächst) keine Bemühungen zur Rettung der F unternommen hat, so dass der Schwerpunkt des strafrechtlich relevanten Verhaltens hier auf dem Unterlassen liegt.

bb) Frage nach der Kausalität / dem Energieeinsatz

Nach einer Minderheitsauffassung im Schrifttum ist diese Abgrenzung keine anhand von Wertungen, sondern rein empirisch zu lösende Fragestellung. Entscheidend sei, ob der Täter mit seinem Verhalten einen **Erfolg** im Sinne der

---

[2]   *BGH*St 6, 46 (59); *Wessels/Beulke*, AT, Rn. 700.

Kausalitätslehre **verursacht** hat **oder Energie einsetzte.**[3] S hat keinerlei Energie in Hinblick auf die Tötung der F eingesetzt. Auch war sein Verhalten für den Tod der F nicht kausal im Sinne der Conditio-sine-qua-non-Formel. Auch nach dieser Lehre war das Verhalten des S daher als Unterlassen zu würdigen.

cc) Streitentscheid

Da beide Ansichten zum gleichen Ergebnis kommen, kann ein Streit dahinstehen. Das Verhalten des S ist in Hinblick auf eine Strafbarkeit wegen Unterlassens zu untersuchen.

2. Tatbestand

Objektiver Tatbestand

aa) Abgrenzung von Täterschaft und Teilnahme

S kann hier nach dem Vorstehenden allein vorgeworfen werden, dass er den von M in Gang gesetzten Kausalverlauf in Richtung auf die Tötung eines anderen Menschen nicht abgebrochen hat. Problematisch erscheint daher, ob der das täterschaftliche Begehungsunrecht eines Dritten nicht hindernde Garant überhaupt **Unterlassungstäter oder bloßer Teilnehmer** an der Tat des Dritten, also hier des M, ist. Dieses Problem ist heftig umstritten.

(1) S Garant für die F (§ 13 StGB)?

Grundlage für die Subsumtion der noch zu nennenden Ansichten zu dieser Problemstellung muss jedoch zunächst die Klärung der Frage sein, ob S überhaupt **Garant für die Rechtsgüter der F** ist. S müsste also gemäß § 13 StGB aufgrund einer besonderen Pflichtenstellung rechtlich dafür einzustehen haben, dass der tatbestandliche Erfolg nicht eintritt.

---

[3] *Joecks*, StGB, § 13 Rn. 15 m. w. N.

(a) Beschützergarant aus enger natürlicher Verbundenheit?

In Betracht kommt eine Garantenstellung aus enger natürlicher Verbundenheit. Sie ist für **Verwandte gerader Linie** allgemein anerkannt, sie besteht also grundsätzlich auch für die Kinder gegenüber ihren Eltern.[4] Weil für dieses Verhältnis gegenüber dem umgekehrten (also Eltern ggü. dem Kind) nicht von einer schon konstitutionellen Abhängigkeit die Rede sein kann, wird zum Teil einschränkend verlangt, dass für die Bejahung der Garantenstellung aus enger natürlicher Verbundenheit auch eine effektive Familiengemeinschaft bestehen muss[5] bzw. eine akute Gefahrenlage für ein Elternteil vorliegen muss[6].

Beide Voraussetzungen sind hier erfüllt: Trotz der gelegentlichen Streitigkeiten besteht aufgrund der häuslichen Gemeinschaft noch eine effektive Familiengemeinschaft. Auch befand sich F in akuter Lebensgefahr. S ist daher – gleich nach welcher der einschränkenden Ansichten – für F Garant aus enger natürlicher Verbundenheit.

(b) Beschützergarant aus enger Lebensgemeinschaft?

S könnte ferner Beschützergarant wegen einer engen Lebensgemeinschaft mit F sein. Diese ist dadurch gekennzeichnet, dass sie über das tatsächliche Zusammenleben hinaus **auf Dauer** und auf den **gegenseitigen Beistand in der Not** angelegt ist, so dass mit ihr gegenseitiges Vertrauen und der entsprechende Verzicht auf eigene autarke Schutzvorkehrungen einhergehen.[7] Von einer solchen engen Lebensgemeinschaft kann bei einem familiären Zusammenleben unter einem Dach ausgegangen werden, zumal der Sachverhalt keine Angaben zu einer vorherigen Zerrüttung des Vertrauensverhältnisses zwischen M, F und

---

[4] *BGH*St 19, 167.
[5] *Joecks*, StGB, § 13 Rn. 25 m. w. N.
[6] *Kühl*, AT, § 18 Rn. 55.
[7] *Kühl*, AT, § 18 Rn. 61.

S macht. S ist daher auch Garant für die F aus enger Lebensgemeinschaft.

Somit ist eine Garantenstellung des S gegeben, so dass nun ermittelt werden kann, ob sein Verhalten als Garant als täterschaftliches Handeln oder nur nach Teilnahmeregeln zu bewerten ist.

(2) Subjektive Theorie

Nach der Rechtsprechung gelten dieselben Abgrenzungskriterien wie auch bei den Begehungsdelikten: Erforderlich für die Einordnung eines Verhaltens als täterschaftliche Begehung ist der Täterwille, vermittelt durch Tatherrschaftswillen, Tatherrschaft und das Interesse an der Tat („subjektive Theorie").[8] S hat ein eigenes Interesse an der Tat und einen objektiv fundierten Tatherrschaftswillen, weil er zu Recht erkennt, dass er allein es in der Hand hat, die missliche Lage der F zu beenden. S hat mithin Täterwillen.

(3) Tatherrschaftslehre

Nach anderer Ansicht ist die Tatherrschaftslehre auch für Unterlassungsdelikte maßgebend.[9] Nach diesem Leitprinzip ist entscheidend, inwieweit der einzelne Beteiligte nach Art und Gewicht seines objektiven Tatbeitrags sowie aufgrund seiner Willensbeteiligung das Ob und Wie der Tat derart beherrscht, dass er als die **Zentralgestalt des tatbestandlichen Geschehensablaufs** erscheint.[10] S kann als die einzig verbliebene hilfsfähige Person in der Wohnung autonom darüber entscheiden, seine Mutter aus der Nische zu befreien, was ihm auch ohne weiteres möglich wäre. Er war damit die Zentralgestalt des tatbestandlichen Geschehensablaufs und hatte die Tatherrschaft inne. S war demzufolge Täter und nicht bloßer Teilnehmer.

---

[8]   *BGHSt* 43, 381 (396).
[9]   *Wessels/Beulke*, AT, Rn. 734, m w. N.
[10]   *Wessels/Beulke*, AT, Rn. 518.

(4) Tätertheorie[11]

Nach der Tätertheorie ist der unterlassende **Garant stets Täter**, da die Unterscheidung von Täterschaft und Teilnahme allein auf positive Handlungen zugeschnitten ist; demgegenüber führt jede unterlassene Erfolgsabwendung durch einen Garanten zur Täterschaft.[12] Auch nach dieser Auffassung ist S demnach Täter.

(5) Gehilfentheorie

Für die hier so genannte „Gehilfentheorie" ist der unterlassende **Garant** jedenfalls **stets Gehilfe**, solange ihm die Tatbeherrschung durch den unmittelbar Ausführenden verstellt ist und er dadurch bloße „Randfigur" bleibt.[13] Dies ist für S jedoch nicht der Fall: M hat den Tatort verlassen, daher ist S die Tatbeherrschung nicht verstellt. S ist daher auch nach dieser Ansicht Täter.

(6) Differenzierende Theorie

Diese Auffassung nimmt eine Differenzierung nach Art der Garantenstellung vor: Für den **Beschützergaranten** ist aufgrund seiner umfassenden Schutzpflicht gegenüber dem geschützten Rechtsgut Täterschaft gegeben, für den **Überwachungsgarant** gelten wegen seiner Verantwortung nur für bestimmte Gefahrenquellen hingegen Teilnahmeregeln.[14] Da bereits festgestellt wurde, dass S Beschützergarant für F ist, ist für S auch nach dieser Auffassung eine strafrechtliche Haftung als Täter zu untersuchen.

---

[11] Theorienbezeichnung im Folgenden nach *Hillenkamp*, 32 Probleme aus dem Strafrecht, Allgemeiner Teil, S. 128 ff.

[12] *Roxin*, AT II, § 31 Rn. 140 ff. m. w. N.

[13] *Jescheck/Weigend*, AT, § 64 III 5; *Kühl*, AT, § 20 Rn. 229 ff.; jeweils m. w. N.; zu ähnlichen Ergebnissen bei Differenzierung nach dem zeitlichen Ablauf kommt *Schmidhäuser*, AT, Kapitel 17 Rn. 12.

[14] Schönke/Schröder-*Cramer/Heine*, StGB, vor § 25 Rn. 104 ff.; *Gropp*, AT, § 11 Rn. 22; grundsätzlich auch *Otto*, AT, § 21 Rn. 50.

(7) Streitentscheid

Alle zu der Abgrenzung von Täterschaft und Teilnahme in dieser Konstellation vertretenen Theorien kommen zum gleichen Ergebnis, so dass ein Streitentscheid hinfällig wird: S haftet bei Vorliegen aller übrigen Strafbarkeitsvoraussetzungen als Täter.

> **Hinweis:** Schwieriger wäre diese Frage zu entscheiden gewesen, wenn M noch in der Wohnung wäre und etwa den Zugang zum Bad kontrolliert hätte.

bb) Erfolg

Der tatbestandliche Erfolg von § 212 I StGB ist eingetreten: F ist tot.

cc) Nichtvornahme der gebotenen Handlung trotz physisch-realer Handlungsmöglichkeit

S zieht die F weder hinter dem Heizkörper hervor noch ruft er einen Arzt, obwohl er zu diesen Handlungen nach seinen Fähigkeiten in der Lage gewesen wäre und dies auch zur Rettung seiner Mutter geboten gewesen wäre.[15]

dd) Garantenstellung und Garantenpflicht des S

Eine Garantenstellung des S war gegeben (s. o.). Aus ihr ergab sich für S auch die Garantenpflicht, F aus der Nische zwischen Hauswand und Heizkörper zu befreien.

ee) Objektive Erfolgszurechnung

S müsste eine Möglichkeit zur Erfolgsabwendung gehabt haben. Dabei ist umstritten, wie ausgeprägt diese Möglichkeit gewesen sein muss.

---

[15] Der Begriff der gebotenen Handlung ist „objektiv ex-ante" zu bestimmen; es kommt also darauf an, welche Handlung ein verständiger Dritter in der Lage des S für geboten gehalten hätte. Dass sich eine Handlung im Nachhinein („ex post") als nutzlos herausstellt, ändert daher nichts an ihrer Gebotenheit nach dem eben dargelegten Verständnis, vgl. *Jescheck/Weigend*, AT, § 59 II 2.

(1) „Quasi-Kausalität"

Die herrschende Meinung verlangt, dass die erwartete Handlung den Erfolg **mit an Sicherheit grenzender Wahrscheinlichkeit** verhindert hätte.[16] Es wird dabei *in Anlehnung* an die (für Unterlassungen schließlich nicht anwendbare![17]) Conditio-sine-qua-non-Formel danach gefragt, ob die rechtlich erwartete Handlung hinzugedacht werden kann, ohne dass der tatbestandliche Erfolg mit an Sicherheit grenzender Wahrscheinlichkeit entfiele (daher „Quasi-Kausalität"). Dies ist hier nicht der Fall, denn die Überlebenschancen betrugen zu dem Zeitpunkt, an dem S nach der weitesten Ansicht („Verstreichenlassen der ersten Rettungschance") frühestens mit dem Versuchsbeginn belastet werden kann, nur noch 70 %. Eine „Quasi-Kausalität" und damit eine Erfolgsabwendungsmöglichkeit des S im Sinne der herrschenden Meinung war daher nicht gegeben.

(2) Risikoverringerungslehre

Nach einer im Schrifttum vertretenen Minderheitsansicht muss lediglich feststehen, dass eine **Risikoverminderung** hinsichtlich der dem Rechtsgut drohenden Gefahr eingetreten wäre; mit anderen Worten, dass sich bei Vornahme der erwarteten Handlung die Rettungschancen erhöht hätten, ohne dass der Erfolg dieser Maßnahmen feststehen muss.[18] Nach den Angaben des Gutachters bestand um Mitternacht und auch noch danach eine beträchtliche Rettungschance für F, so dass S bei Vornahme der gebotenen Handlungen die Überlebensmöglichkeiten für F erhöht hätte.

Nach dieser Auffassung hatte S daher eine Möglichkeit zur Erfolgsabwendung.

---

[16] *BGHSt* 37, 106, 126; *Wessels/Beulke*, AT, Rn. 711.
[17] Wer in einen Geschehensverlauf *nicht* eingreift, kann für diesen Ablauf nicht kausal im naturwissenschaftlichen Sinne werden!
[18] SK-*Rudolphi*, StGB, vor § 13 Rn. 16; *Otto*, AT, § 9 Rn. 98 ff.; m. w. N.

(3) Streitentscheid

Für den Grundsatz der (greifbaren) Risikoverringerung kann angeführt werden, dass er zur Erhöhung der Rettungschancen für das gefährdete Rechtsgut führt, weil er eine Handlungspflicht auch bei zweifelhaften Rettungschancen konstituiert. Gegen die Risikoverminderungslehre spricht jedoch ausschlaggebend, dass nach ihr Zweifel an der Möglichkeit zur Erfolgsabwendung gegen den Angeklagten gewendet werden, was einen Verstoß gegen den Grundsatz **„in dubio pro reo"** bedeutet. Zudem geht mit dieser Theorie eine **Umwandlung der Deliktsnatur** einher: Aus Erfolgsdelikten werden konkrete Gefährdungsdelikte geformt, an die als strafauslösendes Moment eine objektive Strafbarkeitsbedingung (bei § 212 StGB: der Tod des Opfers) geknüpft wird. Dies ist mit der in § 13 StGB angeordneten Gleichstellung von Begehungsdelikten und unechten Unterlassungsdelikten in Hinblick auf den Wortlaut etwa von § 222 StGB („verursacht") nicht vereinbar.

Der herrschenden Meinung ist daher zu folgen: S hatte keine Möglichkeit zur Erfolgsabwendung; ihm ist der Tod der F nicht zuzurechnen.[19]

3. Ergebnis

S ist nicht strafbar wegen Totschlags durch Unterlassen gemäß §§ 212 I, 13 I StGB.

II. Versuchter Totschlag durch Unterlassen an F, §§ 212 I, 13 I, 22, 23 I StGB

Durch seine Untätigkeit nach dem Betreten der Wohnung könnte S sich jedoch wegen versuchten Totschlags durch Unterlassen gemäß §§ 212 I, 13 I, 22, 23 I StGB strafbar gemacht haben.

---

[19] Die andere Ansicht war natürlich auch vertretbar.

1. Vorprüfung

a) Fehlen der Vollendung

Zwar ist F verstorben, doch war S durch seine Untätigkeit nach der hier vertretenen Auffassung hierfür nicht kausal, so dass ihm der Tod der F nicht als „sein Werk" zugerechnet werden kann.

> **Zur Verdeutlichung:** Mit fehlender Kausalität ist gemeint, dass F (nochmals: wenn man die strengeren Anforderungen der „Quasi-Kausalitäts"-Lehre der Risikoverringerungslehre vorzieht) nicht mehr zu retten war; F war somit von vornherein ein **untaugliches Tatobjekt** für die Verwirklichung eines Erfolgsdelikts durch Unterlassen.

b) Strafbarkeit des Versuchs

Grundsätzlich ist der Versuch des Totschlags durch Unterlassen strafbar, §§ 212, 13, 23 I, 12 I StGB. Umstritten ist allerdings, ob der untaugliche Versuch beim unechten Unterlassungsdelikt überhaupt strafbar ist.

aa) Herrschende Meinung

Für die weit überwiegende Meinung gelten dieselben Regeln wie für den untauglichen Versuch des Begehungsdelikts. Danach ist auch der untaugliche Versuch des Unterlassungsdelikts strafbar, argumentum e contrario aus § 23 III StGB.[20]

bb) Minderheitsansicht

Nach einer Minderheitsauffassung in der Literatur liefe die Strafbarkeit des untauglichen Versuchs beim unechten Unterlassungsdelikt auf **Gesinnungsstrafrecht** hinaus, da es bei diesem sowohl an einer Rechtsguts-Gefährdung als auch am Ausdruck der rechtsfeindlichen Gesinnung fehle.[21]

---

[20] *Joecks*, StGB, § 23 Rn. 4.
[21] SK-*Rudolphi*, StGB, vor § 13 Rn. 55; *Schmidhäuser*, AT, Kap. 17 Rn. 27 f.

Der Versuch des S, die F durch Untätigbleiben zu töten, war hier untauglich, da F ohnehin nicht mehr zu retten war. Somit kann S nach dieser Ansicht nicht wegen eines Tötungsversuchs durch Unterlassen bestraft werden.

cc) Streitentscheid

Die Kritik der Minderheitsansicht überzeugt nicht, denn ein untauglicher Unterlassungsversuch kann bei „Ex-ante-Betrachtung" genauso strafwürdig sein wie ein entsprechender Begehungsversuch, *wenn* ein einsichtiger Dritter ebenfalls eine zum Eingreifen verpflichtende Situation wahrgenommen hätte.[22] Dies wird dann einleuchtend, wenn man sich vor Augen hält, dass Strafgrund des Versuchs und auch des untauglichen Versuchs der rechtserschütternde Normbruch durch die Willensbetätigung des Täters ist.[23] Daher ist auch der untaugliche Versuch des unechten Unterlassungsdelikts prinzipiell strafbar.

2. Tatbestand

a) Tatentschluss

S müsste den **Tatentschluss** zur Tötung der F gefasst haben. Dieses subjektive Unrechtselement umfasst den auf alle objektiven Tatbestandsmerkmale gerichteten Vorsatz und die sonstigen subjektiven Tatbestandsmerkmale.[24]

aa) Tatentschluss hinsichtlich des Erfolgs

S hat die Lebensgefahr für F erkannt, ihren Tod also ernstlich für möglich gehalten und stand dieser konkreten Möglichkeit gleichgültig gegenüber. Aufgrund der zutreffenden Lageeinschätzung durch S kann auch nicht angenommen werden, dass er gleichwohl auf ein Ausbleiben des Erfolges vertraut habe und daher nicht die vom BGH in

---

[22] *Roxin*, AT II, § 29 Rn. 377.
[23] *Roxin*, AT II, § 29 Rn. 19.
[24] *Wessels/Beulke*, AT, Rn. 598.

ständiger Rechtsprechung[25] verlangte **Überwindung der besonderen Hemmschwelle** bei Tötungsdelikten überstiegen hätte. S hatte den Tatentschluss hinsichtlich der Tötung des F gefasst.

bb) Kenntnis der physisch-realen Handlungsmöglichkeit, der individuellen Fähigkeiten hierzu und das Unterlassen dieser Möglichkeit

S erkannte, dass er nach seinen Fähigkeiten eine tatsächliche Möglichkeit zur Erfolgsabwendung hatte und war sich auch der Tatsache bewusst, dass er diese Möglichkeit nicht ausgenutzt hat.

cc) Kenntnis der Garantenstellung

S hatte auch Kenntnis von seiner Garantenstellung in Bezug auf die Rechtsgüter der F.

dd) Kenntnis der „Quasi"-Kausalität

S müsste Kenntnis von der „Quasi"-Kausalität seines Unterlassens für den Tod der F gehabt haben. Die herrschende Meinung lässt hierfür ausreichen, dass die **Möglichkeit der Erfolgsabwendung** als Folge des eigenen Tätigwerdens erkannt wird.[26] Nicht erforderlich ist die Vorstellung, die erwartete Handlung werde den Erfolg mit an Sicherheit grenzender Wahrscheinlichkeit verhindern![27] S ist während des gesamten Tatablaufs der Meinung, F noch retten zu können. Nach seiner Vorstellung von der Situation kann also die erwartete Handlung nicht hinzugedacht werden, ohne dass der tatbestandliche Erfolg entfiele. Ein Tatentschluss des S hinsichtlich der „Quasi"-Kausalität seines Verhaltens war somit gegeben.

---

[25] *BGH* StV 1982, 509; NStZ 1983, 407; NStZ 1984, 1087.
[26] *Wessels/Beulke*, AT, Rn. 732.
[27] Kritisch zu dieser Inkongruenz von objektivem und subjektivem Tatbestand *Otto*, AT[6], § 9 Rn. 98 ff. (lesenswert!).

Hinweis: Wer mit einem orthodox-finalistischen Ansatz den Tatentschluss nur im Sinne einer aktiven Steuerung und damit nur für Begehungsdelikte anerkennen kann, muss hier auf das „Erkennen-Können" von Rettungsmitteln abstellen.[28]

b) Unmittelbares Ansetzen

S müsste gemäß § 22 StGB nach seiner Vorstellung von der Tat zur Verwirklichung des Tatbestandes unmittelbar angesetzt haben. Die Kriterien für den Versuchsbeginn beim unechten Unterlassungsdelikt werden dabei unterschiedlich bestimmt.

aa) Das Verstreichenlassen der ersten Rettungschance

Nach einer Ansicht ist das unmittelbare Ansetzen zum unechten Unterlassungsdelikt schon dann gegeben, wenn der Täter die **erste Rettungschance** verstreichen lässt.[29] Aus Sicht des S war die erste Möglichkeit zur Rettung der F direkt nach dem Betreten der Wohnung gegeben. Diese Chance ließ S ungenutzt, als er sich anstelle der Einleitung von Rettungsmaßnahmen ins Bett legte. Somit war nach dieser Auffassung ein unmittelbares Ansetzen nach § 22 StGB gegeben.

bb) Das Verstreichenlassen der letzten Rettungschance

Nach der extremen Gegenposition besteht der Versuchsbeginn beim unechten Unterlassungsdelikt im **Vergehenlassen der letzten Hilfsmöglichkeit**.[30] S meinte auch bei Öffnung der Tür für den Nachbarn noch, die F retten zu können. Nach dieser Ansicht befand S sich daher für das gesamte Tatgeschehen noch im Vorbereitungsstadium und hat daher nicht unmittelbar zur Tötung seiner Mutter angesetzt.

---

[28] *Welzel*, Deutsches Strafrecht, S. 212.
[29] *Schröder,* JuS 1962, 81 ff.; *Herzberg*, MDR 1973, 89 ff.
[30] *Welzel*, Deutsches Strafrecht, S. 221; NK-*Seelmann*, StGB, § 13 Rn. 84.

cc) Versuchsbeginn bei unmittelbarer Gefährdung des Opfers

Nach einer im wesentlichen am Gefährdungsgedanken ausgerichteten differenzierenden Meinung ist das unmittelbare Ansetzen darin zu sehen, dass das **geschützte Objekt** nach Vorstellung des Garanten bereits **unmittelbar in Gefahr** geraten und der **Eintritt des tatbestandlichen Erfolgs nahe** gerückt ist.[31] Aus Sicht des S war das Leben der F bereits bei Betreten der Wohnung gegen Mitternacht unmittelbar gefährdet und die Gefahr des Todes seiner Mutter nahe gerückt. Auch nach dieser Ansicht war der Versuchsbeginn daher in dem Zeitpunkt gegeben, als S sich trotz der Gefahr für F schlafen legte.

dd) Streitentscheid

Die Lehrmeinung, für den Versuchsbeginn des unechten Unterlassungsdelikts auf das Verstreichenlassen der letzten Rettungschance abzustellen, kann weder dogmatisch noch kriminalpolitisch überzeugen. So kann diese Ansicht zum einen für den Versuch des Unterlassungsdelikts keinen Rücktritt vorsehen, obwohl sich für eine solche Einschränkung des § 24 StGB im Gesetz keinerlei Anhaltspunkte finden. Zum anderen verlangen Garantenpflichten nicht nur die (für viele Fälle höchst riskante) unter Umständen zufällige Erfolgsabwendung, sondern auch schon die Verhinderung erfolgsnaher Rechtsgutsgefährdungen.[32]

Es bleibt daher festzuhalten, dass S unmittelbar angesetzt hat.

3. Rechtswidrigkeit

Es sind keine Rechtfertigungsgründe ersichtlich. Das Verhalten des S war **rechtswidrig**.

---

[31] *Wessels/Beulke*, AT, Rn. 741 f.; wohl auch *BGH*St 38, 356.
[32] *Roxin*, AT II, § 29 Rn. 284.

4. Schuld

S handelte auch **schuldhaft**. Insbesondere bestehen keine Anhaltspunkte für einen Gebotsirrtum nach § 17 StGB.

5. Persönliche Strafaufhebungsgründe: Rücktritt, § 24 StGB

S könnte gemäß § 24 StGB strafbefreiend vom Tötungsversuch zurückgetreten sein.

a) Kein Fehlschlag des Versuchs

Der Tötungsversuch des S dürfte nicht fehlgeschlagen sein. Ein Fehlschlag liegt vor, wenn der Täter erkannt hat oder zumindest meint, mit den ihm zur Verfügung stehenden Mitteln den tatbestandlichen Erfolg entweder gar nicht mehr oder zumindest nicht ohne zeitlich relevante Zäsur erreichen zu können.[33] S hat zu keinem Zeitpunkt erkannt, dass er durch sein Unterlassen gar nicht mehr „quasi"-kausal für den Tod der F werden konnte, sondern ging für die gesamte Tatspanne davon aus, dass seine Mutter noch gerettet werden könnte. **Ein Fehlschlag** des Versuchs war daher **nicht gegeben.**

> **Aufbauhinweis:** Manche ziehen es vor, auf den Prüfungspunkt „Fehlschlag" zu verzichten und diesen in der „Freiwilligkeit" (hierzu sogleich) aufgehen zu lassen.[34] Inhaltlich ergeben sich dadurch aber keine Unterschiede.

b) Rücktritt nach § 24 I oder § 24 II StGB?

Zu klären ist, ob sich ein Rücktritt des S nach Absatz eins oder nach Absatz zwei von § 24 StGB richtet. Mangels gemeinsamen Tatplans sind **M und S keine Mittäter** gemäß § 25 II StGB, sondern Alleintäter (hier so genannte „Nebentäter") im Sinne von § 25 I 1. Alt StGB. Sie sind

---

[33] *Wessels/Beulke*, AT, Rn. 628.

[34] *Haft*, NStZ 1994, 536 f.; Petersen, Jura 2002, 105 (107).

daher keine Beteiligten gemäß § 24 II StGB, so dass für S § 24 I StGB Gebrauch findet.

c) Anzuwendende Variante des § 24 I StGB

Fraglich ist, welche der drei in § 24 I StGB genannten Rücktrittsmöglichkeiten für S zur Anwendung kommen muss.

aa) Abgrenzung unbeendeter/beendeter Versuch?

Im Fall des § 24 I ist grundsätzlich zwischen unbeendetem (§ 24 I S. 1, 1. Alt. StGB) und beendetem Versuch (§ 24 I S. 1, 2. Alt. StGB) zu unterscheiden. Dabei ist für den Rücktritt vom unechten Unterlassungsdelikt bereits umstritten, ob eine solche Differenzierung überhaupt durchführbar ist: Während die **„Einheitstheorie"**[35] dies bestreitet und für Unterlassungsdelikte wegen der Handlungspflicht des Täters stets von einem beendeten Versuch ausgeht, meint die **„Differenzierungstheorie"**[36] die Unterscheidung von unbeendetem und beendetem Versuch auch für das Unterlassen treffen zu können.

Allerdings ist zu beachten, dass der Versuch des S hier ein untauglicher war (s. o.), für den nach allgemeiner Ansicht ohnehin die **Sonderregelung des § 24 I S. 2 StGB** Anwendung findet.[37] Somit kommt es auf den Meinungsstreit für diesen Fall nicht an; eine Abgrenzung des unbeendeten vom beendeten Versuch kann dahinstehen. Der Rücktritt des S richtet sich somit grundsätzlich nach § 24 I S. 2 StGB.

bb) Keine Rücktrittsmöglichkeit wegen Erfolgseintritts?

Nach der Rechtsauffassung des BGH aber ist ein Rücktritt in diesem Fall von vornherein ausgeschlossen: Er argumentiert, die Rücktrittsvoraussetzungen beim Versuch des Unterlassungsdelikts entsprächen denen des beendeten

---

[35] *Roxin*, AT II, § 30 Rn. 136 ff.
[36] *Kühl*, AT, § 18 Rn. 152 ff.
[37] *Joecks*, StGB, § 24 Rn. 30; *Kühl*, AT, § 18 Rn. 154.

Versuchs des Begehungsdelikts. S habe daher den Erfolgseintritt zu verhindern, um strafbefreiend vom Versuch
zurücktreten zu können. Dies ist ihm aber nicht gelungen: F
sei schließlich verstorben.[38]

Dieser Auslegung der Rücktrittsvorschriften ist die Literatur
entgegengetreten: Die Auffassung des BGH führe dazu,
dass beim (auf Grund der nicht erkannten fehlenden
Rettungsmöglichkeit) untauglichen Versuch des Unterlassungsdelikts schon *vor* seiner Begehung der Rücktritt
ausgeschlossen ist. Damit würde aber der Täter eines
untauglichen Versuchs deutlich schlechter stehen als der
eines tauglichen Versuchs![39] Dass S den Tod der F *nicht*
verhindern kann, ist ja gerade Grund dafür, dass er *nicht*
wegen Vollendung des Unterlassungsdelikts, sondern nur
wegen Versuchs bestraft werden kann. Kommt eine
Strafbarkeit nur in Betracht, da der Täter irrig Umstände
annimmt, die sie begründen, so muss er auch solange
aufgrund derselben, einen Rücktritt ermöglichenden Umstände zurücktreten können, wie er sie annimmt. Diesem
Umstand trägt § 24 I S. 2 StGB Rechnung, der nach allgemeiner Ansicht auch für Versuche gilt, in denen der Erfolgseintritt dem Täter nicht mehr zurechenbar ist (s. o.).

Dies muss aber auch für Unterlassungsdelikte gelten: Auch
in diesem Fall ist S der Erfolg nicht zurechenbar. Obgleich
den Täter also beim untauglichen Versuch des Unterlassungsdelikts überhaupt **kein Vollendungsrisiko** mehr
treffen kann, bürdet der BGH dieses dem S indirekt auf,
indem er sein Verhalten an den Voraussetzungen des § 24 I
S. 1, Alt. 2 StGB und nicht an § 24 I S. 2 StGB misst.[40]

---

[38] *BGH* NStZ 1997, 485.
[39] *Kudlich/Hannich*, StV 1998, 370 (371).
[40] Vgl. *Brand/Fett*, NStZ 1998, 508.

Die Nichtverhinderung des Erfolges ist daher nach alledem kein taugliches Argument für einen Ausschluss des Rücktritts. Mit der Literatur ist daher von einer grundsätzlichen Rücktrittsmöglichkeit für S nach § 24 I S. 2 StGB auszugehen.

d) Voraussetzungen des § 24 I S. 2 StGB

S müsste die Voraussetzungen des § 24 I S. 2 StGB erfüllt haben.

aa) Keine (jedenfalls keine dem S zurechenbare) Vollendung der Tat

S hatte keine Möglichkeit zur Erfolgsabwendung. Der Tod der F stellte daher jedenfalls für S keine vollendete Tat dar. Diese fehlende Zurechenbarkeit ist natürlich auch „ohne Zutun" des S gegeben gewesen.

bb) Bemühen um die Nichtvollendung

S müsste sich um die Rettung der F bemüht haben. „Bemühen" ist nach der weitesten Ansicht jede Handlung, die aus Sicht des Täters die Chance zur Erfolgsabwendung erhöht.[41] Eine solche Handlung des S ist im Öffnen der Tür für N zu sehen. Darüber hinaus wird in der Rechtsprechung und anderen Stimmen im Schrifttum schon ein „unmittelbares Ansetzen" zu der vom Täter gewählten Rettungsmöglichkeit verlangt.[42] Auch dies ist hier gegeben, da die von S gewählte Rettungsmöglichkeit die Öffnung der Wohnung für den N ist, welcher dann seinerseits zu den Rettungshandlungen ansetzt, die nach Auffassung des S Erfolg versprechend waren. Ein Bemühen im Sinne von „Mühe haben" ist dagegen nicht erforderlich.[43]

Ein „Bemühen" gemäß § 24 I S. 2 StGB lag daher vor.

---

[41] *Roxin*, AT II, § 30 Rn. 272.
[42] *BGH* NJW 1973, 632; SK-*Rudolphi*, StGB, § 24 Rn. 30.
[43] *Maiwald*, FS-Wolff, S. 337 (347 ff.).

cc) Freiwilligkeit des Bemühens

S müsste sich freiwillig um die Rettung der F bemüht haben. Die nähere Bestimmung des Begriffs der Freiwilligkeit ist strittig.

(1) Psychologische Bestimmung

Nach herrschender Meinung ist die Freiwilligkeit durch die Psyche des Täters bestimmt. Er handelt daher freiwillig, wenn er aufgrund **autonomer**, also situationsunabhängiger **Motive** handelt. Unfreiwillig ist der Rücktritt, wenn er durch Hinderungsgründe motiviert ist, die vom Willen des Täters unabhängig sind.[44] Zwar hat das ständige Klingeln an der Haustür den S sicherlich beeinflusst, doch öffnet er die Tür dem Sachverhalt nach nicht etwa aus Zermürbung, sondern wegen seines schlechten Gewissens über sein bisheriges Verhalten. Dieser Beweggrund ist unabhängig von zwingenden äußeren Einflüssen, mithin autonom. S handelte demnach freiwillig.

(2) Normative Bestimmung

Eine Minderheitsmeinung im Schrifttum betont hingegen **normative Kriterien**: Freiwilligkeit sei gegeben, wenn der Täter eine innere Distanzierung zur Tat vornimmt, indem er den Rücktritt nach den **Regeln der „Verbrechermoral"** als unvernünftig erscheinen lässt[45] und sein Verhalten nach den **Strafzwecktheorien** eine Rückkehr zur Achtung rechtlicher Verbote und Gebote bedeutet[46]. Nach den Maßstäben der „Verbrechervernunft" war das Verhalten von S unvernünftig, da er die gesamte Situation dem N offen legte und sich damit der Strafverfolgung preisgab. Er hätte stattdessen schließlich auch versuchen können, N zu beschwichtigen oder F im wahrsten Sinne des Wortes zum Schweigen bringen können. Auch zeigte sein Verhalten die Bereitschaft

---

[44] *BGHSt* 7, 296 (299); *Wessels/Beulke*, AT, Rn. 651 f.
[45] *Roxin*, AT II, § 30 Rn. 383 ff. m. w. N.
[46] SK-*Rudolphi*, StGB, § 24 Rn. 25.

zur Rückkehr zu rechtstreuem Verhalten. Auch nach dieser Auffassung handelte S somit freiwillig.[47]

(3) Streitentscheid

Ein Theorienstreit kann aufgrund der Übereinstimmung dahinstehen. S handelte freiwillig.

dd) Ernsthaftigkeit des Bemühens

Das Bemühen um die F müsste auch ernsthaft gewesen sein. Ernsthaftigkeit ist gegeben, wenn der Täter alle ihm bekannten Möglichkeiten zur Erfolgsabwendung ausschöpft, die nach seiner Überzeugung den Erfolg am sichersten verhindern werden.[48] In dem Zeitpunkt, in dem S beschließt, seine Mutter doch noch zu retten (Klingeln an der Tür), ist das Öffnen der Tür und die Gewährung des Zutritts für einen hilfsbereiten Dritten bei Zugrundelegung der Sachverhaltseinschätzung des S eine sichere Rettungsmöglichkeit für F. Nicht von Relevanz kann es sein, dass S anstelle der Öffnung der Wohnungstür zum Gewinn weniger Sekunden zuerst einen Notarzt ruft. Allerdings hätte S dem N bei der Befreiung von F helfen können, statt danach wieder untätig zu bleiben.

(1) Fremdhändige Versuche der Erfolgshinderung

Fraglich ist also, welche Anforderungen an die Ernsthaftigkeit zu stellen sind, wenn sich der Täter Hilfe Dritter bedient. Bei Einschaltung Dritter ist zunächst darauf zu achten, dass diese die erforderlichen Rettungsmaßnahmen auch wirklich ergreifen. Die Beobachtung der Maßnahmen des N durch S kann hier unterstellt werden.

---

[47] Angesichts der diffusen Kriterien der normativen Betrachtungsweise war auch das gegenteilige Ergebnis der Sachverhaltsauslegung vertretbar.
[48] *Wessels/Beulke*, AT, Rn. 647.

Auch verwehrt der BGH den Rücktritt, wenn der Täter nach anfänglichem Widerstand die Rettung noch halb widerwillig geschehen lässt („gestattet").[49] Hier hat S aber durch das Öffnen der Tür einen eigenen Beitrag geleistet, so dass diese Rechtsprechung nicht übertragen werden kann. S war vielmehr „Gehilfe" des eigentlichen Retters. Für diese Konstellation ist mit dem BGH wie folgt zu differenzieren: Leistet der Gehilfe nur einen **ersetzbaren Beitrag**, so liegt keine ernsthafte Verhinderungsbemühung vor.[50] Der **„unersetzliche" Gehilfenbeitrag** ist hingegen zu honorieren. Zwar ist das Öffnen der Tür für eine Rettung der F *durch N* unersetzlich, doch ist fraglich, ob S dafür zu belohnen ist, dass überhaupt erst das Auftreten des N die Rettungsbemühungen in Gang gesetzt hat:

(2) Verzögerung der Rettungshandlungen

Zum Teil wird nämlich vorgebracht, die Bemühungen des S seien schon deshalb nicht ernsthaft gewesen, weil er trotz der erkannten Lebensgefährdung der F erst *so spät* gehandelt habe.[51]

Dieses Kriterium überzeugt aber nicht, denn für die Ernsthaftigkeit des Bemühens kann nicht entscheidend sein, *wann* der Rettungsvorsatz entwickelt wird, sondern *wie* sich die Rettungsmaßnahmen gestalten. Anderenfalls wäre ein Rücktritt gemäß § 24 I S. 2 StGB mit steigender Erfolgsnähe stets abzulehnen. Der vom Gesetz gewährte **Rücktrittszeitraum nach § 24 I S. 2 StGB** erstreckt sich jedoch **vom unmittelbaren Ansetzen** nach § 22 StGB **bis hin zum Fehlschlag des Versuchs**. Sowohl der Prämien- als auch der Opferschutzgedanke als Rechtsgrund des Rücktritts[52] lassen sich mit einer Rücktrittsmöglichkeit in unmittelbarer Erfolgsnähe vereinbaren.

---

[49]   *BGH* MDR 1969, 532.
[50]   „Telefonbuchfall", *BGH* NJW 1986, 1001.
[51]   Vgl. *Kudlich/Hannich*, StV 1998, 370 (372); *Küpper*, JuS 2000, 225 (229).
[52]   Vgl. *Wessels/Beulke*, AT, Rn. 626.

Gleichwohl bleibt der Vorwurf gegen S bestehen, dass er nach der Öffnung der Tür keine weiteren Aktivitäten entwickelt hat. So hätte er etwa dem N bei der Befreiung der F zur Hand gehen können oder vor dem Eintreffen des Arztes eine Erstversorgung der Wunden vornehmen können. Die stattdessen an den Tag gelegte Teilnahmslosigkeit des S spricht letztendlich gegen die Ernsthaftigkeit seiner Bemühungen zur Rettung von F. Ein Rücktritt des S gemäß § 24 I S. 2 StGB liegt daher nicht vor.[53]

6. Ergebnis

S ist strafbar wegen versuchten Totschlags durch Unterlassen gemäß §§ 212 I, 13 I, 22, 23 I StGB[54].

III. Endergebnis

S ist strafbar wegen versuchten Totschlags durch Unterlassen gemäß §§ 212 I, 13 I, 22, 23 I StGB.

Vertiefungshinweise

- *Übungsfall zur objektiven Zurechnung bei unechten Unterlassungsdelikten und zu den Garantenstellungen: Esser,* Jura 2004, 273 ff.

- *Übungsfall zu den Garantenstellungen aus natürlicher, familiärer Verbundenheit und aus Ingerenz: v. Danwitz,* Jura 2000, 486 ff.

- *Problemdarstellung der Abgrenzung von Täterschaft und Teilnahme im Unterlassungsbereich: Hillenkamp,* 32 Probleme aus dem Strafrecht, Allgemeiner Teil, 20. Problem, S. 138 ff.

- *Übungsfall zum Versuchsbeginn beim unechten Unterlassungsdelikt: Rackow,* JA 2003, 218 ff.

---

[53] Ein anderes Ergebnis ist vertretbar.
[54] Zu weiteren Problemen bei Versuch und Rücktritt vgl. bereits ausführlich Fall 11.

Literaturverzeichnis

In dem nachfolgenden Literaturverzeichnis finden sich eine Auswahl der nach unserem Dafürhalten für die Ausbildung besonders geeigneten Lehrbücher zu den in diesem Skript behandelten Rechtsgebieten sowie einige Übungen im Gutachtenstil und die bekanntesten Kommentare.

I. Lehrbücher

Baumann, Jürgen / *Weber*, Ulrich / *Mitsch*, Wolfgang

Strafrecht, Allgemeiner Teil: Lehrbuch
11. Auflage, Bielefeld 2003

Gropp, Walter

Strafrecht, Allgemeiner Teil
3. Auflage, Berlin 2005

Haft, Fritjof

Strafrecht, Allgemeiner Teil: Eine Einführung für Anfangs-semester
9. Auflage, München 2004

Heinrich, Bernd

Strafrecht, Allgemeiner Teil
Stuttgart 2005

Jäger, Christian

Examens-Repetitorium Strafrecht Allgemeiner Teil
Heidelberg 2003

Jescheck, Hans-Heinrich / *Weigend*, Thomas

Lehrbuch des Strafrechts: Allgemeiner Teil
5. Auflage, Berlin 1996

Kindhäuser, Urs

Strafrecht, Allgemeiner Teil
Baden-Baden 2005

Krey, Volker

Deutsches Strafrecht, Allge-meiner Teil (in 2 Bänden)
2. Auflage, Stuttgart 2004, 2005

Kühl, Kristian	Strafrecht, Allgemeiner Teil 5. Auflage, München 2005
Otto, Harro	Grundkurs Strafrecht: Allgemeine Strafrechtslehre 7. Auflage, Berlin 2004
Rengier, Rudolf	Strafrecht Besonderer Teil I: Vermögensdelikte 8. Auflage, München 2006
Rengier, Rudolf	Strafrecht Besonderer Teil II: Delikte gegen die Person und die Allgemeinheit 6. Auflage, München 2005
Roxin, Claus	Strafrecht, Allgemeiner Teil Band 1: 4. Auflage, München 2006 Band 2: München 2003
Stratenwerth, Günter / *Kuhlen*, Lothar	Strafrecht, Allgemeiner Teil: Die Straftat 5. Auflage, Köln 2004
Wessels, Johannes / *Beulke*, Werner	Strafrecht, Allgemeiner Teil: Die Straftat und ihr Aufbau 35. Auflage, Heidelberg 2005
Wessels, Johannes / *Hettinger*, Michael	Strafrecht, Besonderer Teil/1: Straftaten gegen Persönlichkeits- und Gemeinschaftswerte 28. Auflage, Heidelberg 2004
Wessels, Johannes / *Hillenkamp*, Thomas	Strafrecht, Besonderer Teil/2: Straftaten gegen Vermögenswerte 28. Auflage, Heidelberg 2005
Schmidt, Rolf	Strafrecht, Allgemeiner Teil 4. Auflage, Grasberg 2005

II. Übungen im Gutachtenstil

Arzt, Gunther	Die Strafrechtsklausur 7. Auflage, München 2006
Beulke, Werner	Klausurenkurs im Strafrecht I: Ein Fall- und Repetitionsbuch für Anfänger 3. Auflage, Heidelberg 2005
Haft, Fritjof	Strafrecht: Fallrepetitorium zum Allgemeinen und Besonderen Teil 4. Auflage, München 2004
Hillenkamp, Thomas	32 Probleme aus dem Strafrecht: Allgemeiner Teil 11. Auflage, München 2003
Kudlich, Hans	Strafrecht: Allgemeiner Teil Prüfe Dein Wissen: Rechtsfälle in Frage und Antwort München 2003
Otto, Harro	Übungen im Strafrecht 5. Auflage, Berlin 2001
Rudolphi, Hans-Joachim	Fälle zum Strafrecht: Allgemeiner Teil 5. Auflage, München 2000
Schwind, Hans-Dieter / *Franke*, Einhard / *Winter*, Manfred	Übungen im Strafrecht für Anfänger: Originalfälle mit Musterlösungen und Erläuterungen 5. Auflage, Köln u. a. 2000
Tiedemann, Klaus	Die Anfängerübung im Strafrecht 4. Auflage, München 1999

III. Kommentare

Jähnke, Burkhard / *Laufhütte*, Heinrich Wilhelm / *Odersky*, Walter (Hrsg.)	Strafgesetzbuch: Leipziger Kommentar; Großkommentar 11. Auflage, Berlin 2003 – 2005
Joecks, Wolfgang	Strafgesetzbuch: Studienkommentar 6. Auflage, München 2005
Joecks, Wolfgang / *Miebach*, Klaus (Hrsg.)	Münchener Kommentar zum Strafgesetzbuch in 6 Bänden München ab 2003
Lackner, Karl / *Kühl*, Kristian	Strafgesetzbuch: Kommentar 25. Auflage, München 2004
Schönke, Adolf / *Schröder*, Horst (Hrsg.)	Strafgesetzbuch: Kommentar 27. Auflage, München 2006
Tröndle, Herbert / *Fischer*, Thomas	Strafgesetzbuch und Nebengesetze 53. Auflage, München 2006

▶ Unsere Skripten, Karteikarten, Hörbücher

Zivilrecht (je Titel 6,60 €*)
Standardfälle für Anfänger
Standardfälle für Fortgeschrittene
Standardfälle Schuldrecht
Standardfälle Ges. Schuldverh. (§§ 677, 812, 823)
Standardfälle Sachenrecht
Standardfälle Familien- und Erbrecht
Originalklausuren Übung für Fortgeschrittene
Streitfragen Schuldrecht
Einführung in das Bürgerliche Recht
Schuldrecht (AT)
Schuldrecht (BT) 1 - §§ 437, 536, 634, 670 ff.
Schuldrecht (BT) 2 - §§ 812, 823, 765 ff.
Sachenrecht 1 – Bewegliche Sachen
Sachenrecht 2 – Unbewegliche Sachen
Familienrecht
Erbrecht
Definitionen für die Zivilrechtsklausur (7,90 €) 1)

Strafrecht (je Titel 6,60 €)
Standardfälle für Anfänger Bd. 1 (7,90 €) und Bd. 2
Standardfälle für Fortgeschrittene (8,90 €)
Strafrecht (AT)
Strafrecht (BT) 1 - Vermögensdelikte
Strafrecht (BT) 2 - Nichtvermögensdelikte
Definitionen für die Strafrechtsklausur 1)
Jugendstrafrecht/Strafvollzug/Kriminologie

Öffentl. Recht (je Titel 6,60 €*)
Standardfälle Staatsrecht I – VerfassungsR (7,90 €)
Standardfälle Staatsrecht II – Grundrechte (7,90 €)
Standardfälle für Anfänger
Standardfälle für Fortgeschrittene
Basiswissen Staatsrecht I – Verfassungsrecht 1)
Basiswissen Staatsrecht II – Grundrechte 1)
Verwaltungsrecht (AT) 1 - VwVfG
Verwaltungsrecht (AT) 2 – VwGO
Standardfälle Verwaltungsrecht (AT)
Verwaltungsrecht (BT) 1 - POR
Verwaltungsrecht (BT) 2 – Baurecht
Verwaltungsrecht (BT) 3 – Umweltrecht
Standardfälle Baurecht
Staatshaftungsrecht
Grundriss Europarecht (7,90 €) 1)
Standardfälle Europarecht (7,90 €)
Definitionen Öffentliches Recht (7,90 €) 1)
Kinder- und Jugendhilferecht
Sozpäd. Diagn.: Ambulante Hilfen der Jugendhilfe

Steuerrecht (je Titel 6,60 €)
Abgabenordnung (AO)
Einkommensteuerrecht (EStG)
Umsatzsteuerrecht
Erbschaftsteuerrecht/Bewertungsrecht 2)
Steuerstrafrecht/Verfahren/Steuerhaftung

Grundlagen (je Titel 6,60 €*)
Wie gelingt meine BGB-Hausarbeit?
Einführung in die Rhetorik
500 Spezial-Tipps f. Juristen (10,90 €)
Ratgeber Assessment Center
Mitarbeiterführung 2)
Vernetztes Denken 2)
Selbstmanagement 2)
Mediation 2)

Nebengebiete (je 6,60 €)
Handelsrecht
Gesellschaftsrecht
Standardfälle Handels- & GesellschaftsR
Arbeitsrecht
Kollektives Arbeitsrecht
Standardfälle Arbeitsrecht
ZPO I - Erkenntnisverfahren
ZPO II - Zwangsvollstreckung
Strafprozessordnung (StPO)
Internationales Privatrecht
Insolvenzrecht
Gewerbl. Rechtsschutz/Urheberrecht

Assessorexamen (je 6,60 €)
Die Relationstechnik
Der strafrechtliche Aktenvortrag
Der Aktenvortrag im Wahlfach Strafrecht
Der zivilrechtliche Aktenvortrag
Der öffentlich-rechtliche Aktenvortrag
Urteilsklausuren Zivilrecht
Anwaltsklausuren Zivilrecht
Staatsanwaltl. Sitzungsdienst & Plädoyer
Die strafrechtliche Assessorklausur
Die öffentl.-rechtl. Assessorklausur Bd.1+2
Zwangsvollstreckungsklausuren
Vertragsgestaltung in der Anwaltsstation

BWL & VWL (je Titel 6,60 €)
Einführung in die Betriebswirtschaftslehre
Einführung in die Volkswirtschaftslehre
Ratg. „500 Spezial-Tipps für BWLer"
Rechnungswesen
Grundl. emp. (quant.) Methoden 2)
Marketing
Organisationsgestaltung & -entwicklung
Internationales Management
Unternehmensführung
Wie gelingt meine wiss. Abschlussarbeit?
Ratgeber Assessment Center
Einführung in die Rhetorik
Mitarbeiterführung 2)
Vernetztes Denken 2)
Selbstmanagement 2)
Alle Preise freibleibend

* 6,60 Euro, soweit nicht ein anderer Preis in ( ) angegeben ist

1) Auch als **Hörbuch** (Audio-CD) lieferbar; 2) Titel, die in Vorbereitung sind

Alle lieferbaren Titel im Internet unter **www.niederle-media.de.**